SWEARY
SHORTS

V.PEREIRA

SWEARY SHORTS

ISBN-13:978-1539184942

ISBN-10:1539184943

DEDICATION

To my boyfriend Gary, who puts up with me and my
craziness and who listens to me babble on and on about
what I'm doing when I'm creating a new book.
He never complains.
But sometimes, I think I hear him swearing under his breath!
Love you, Baby Baby! xoxoxoxo

V. PEREIRA

SWEARY SHORTS

WELCOME.....

To Auntie V.'s Sweary Shorts!

I wanted to come up with something a bit different for the
Sweary Coloring world so I explored all the options I could come up with
and found my own little niche, Sweary Acronyms!
I've put together some more familiar acronyms and some that
are not as popular for your coloring pleasure.

Now, I want to make sure you notice some of the unique designs I've created....

Look closely, in F.Y.V.M. (Fuck You Very Much) you will see large and small
flowers that are actually hands flipping off!
And in K.M.A (Kiss My Ass)., flowers made out of kissy lips.
In G.M.A.F.B., you'll find the flowers are made of exclamation points!
There are many more unique details waiting to be discovered!

As a bonus, at the end of the book, there are **'word search'** puzzles
for each and every Sweary Acronym in this book, just for fun.
I've included a legend on the back of the last page, just in case you have any trouble
decoding any of the Sweary Acronyms included in this book :)
Also, in the last pages of this book - I've included a link to download
a .pdf (adobe acrobat) of this very book, so you can print and share copies of
all your favorites.

One thing that is cool about this coloring book is that you can
color it in public without having to worry.
If anyone looks at it and realizes what it means, then they are probably
already into texting and use the very same acronyms in their messages!

I hope you get to work off lots of stress and most of all, I also hope
you enjoy coloring these designs as much as I enjoyed creating them.

All of my Love,
"Auntie V."

V. PEREIRA

SWEARY SHORTS

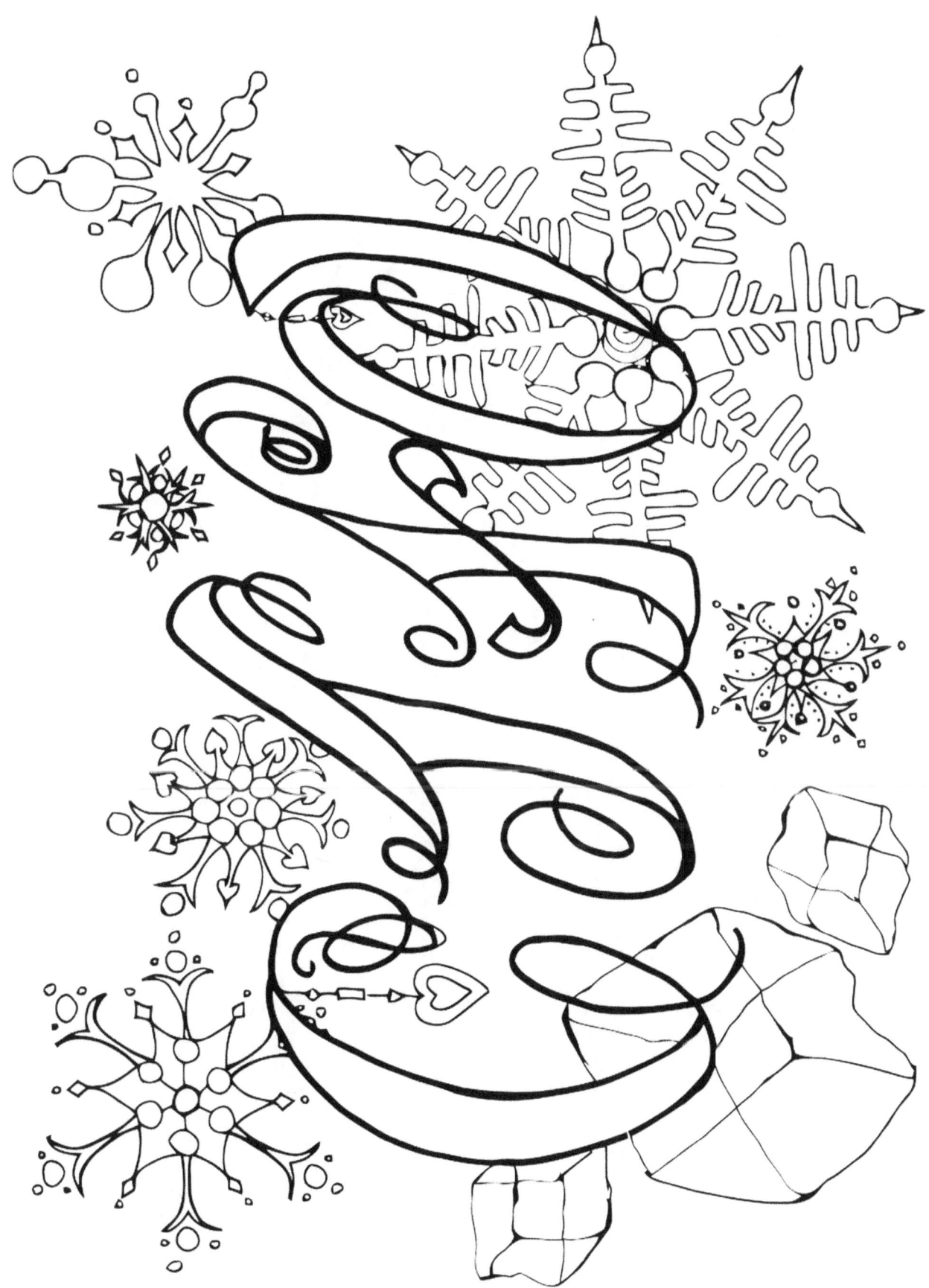

V. PEREIRA

SWEARY SHORTS

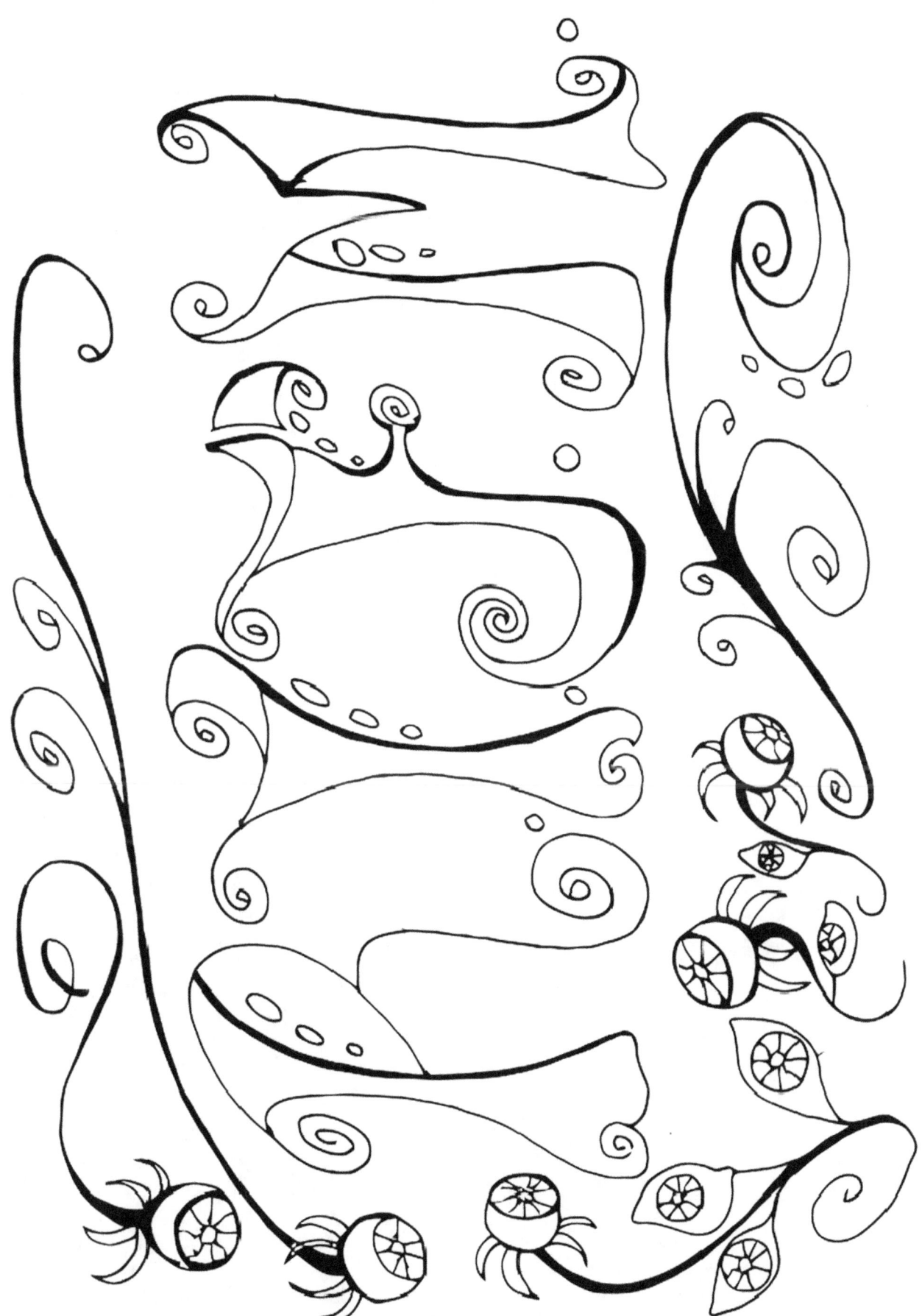

V. PEREIRA

SWEARY SHORTS

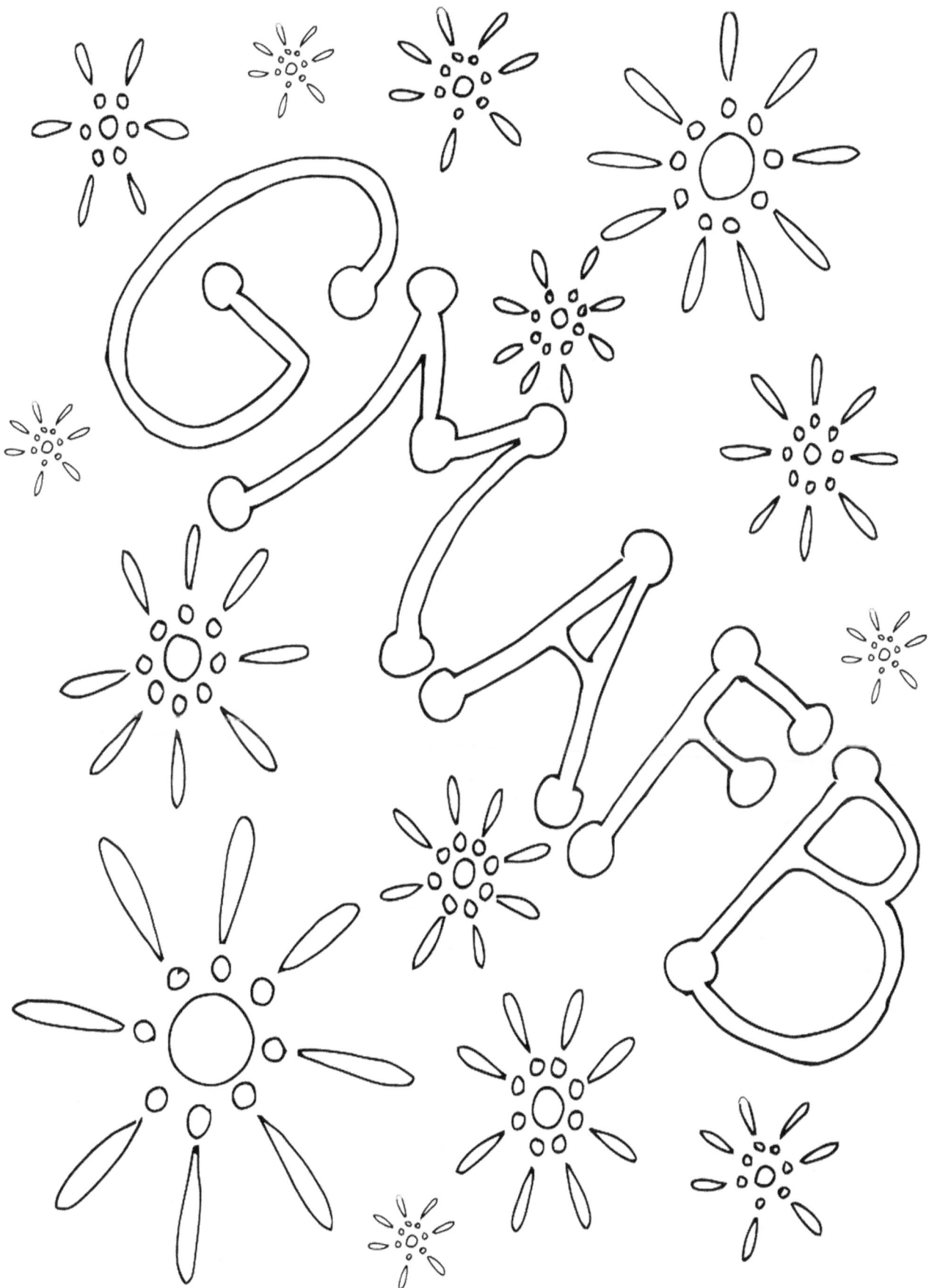

V. PEREIRA

SWEARY SHORTS

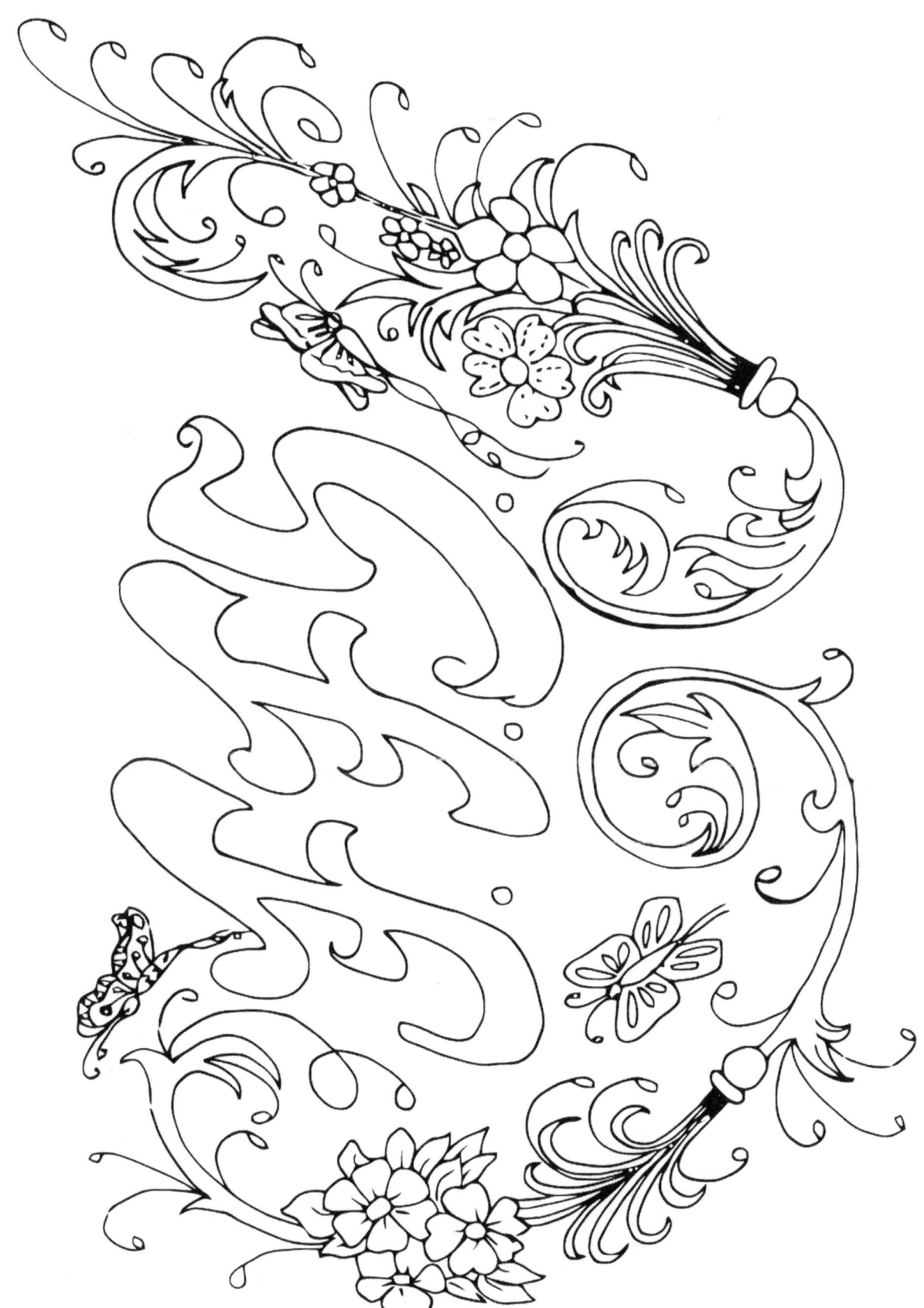

V. PEREIRA

SWEARY SHORTS

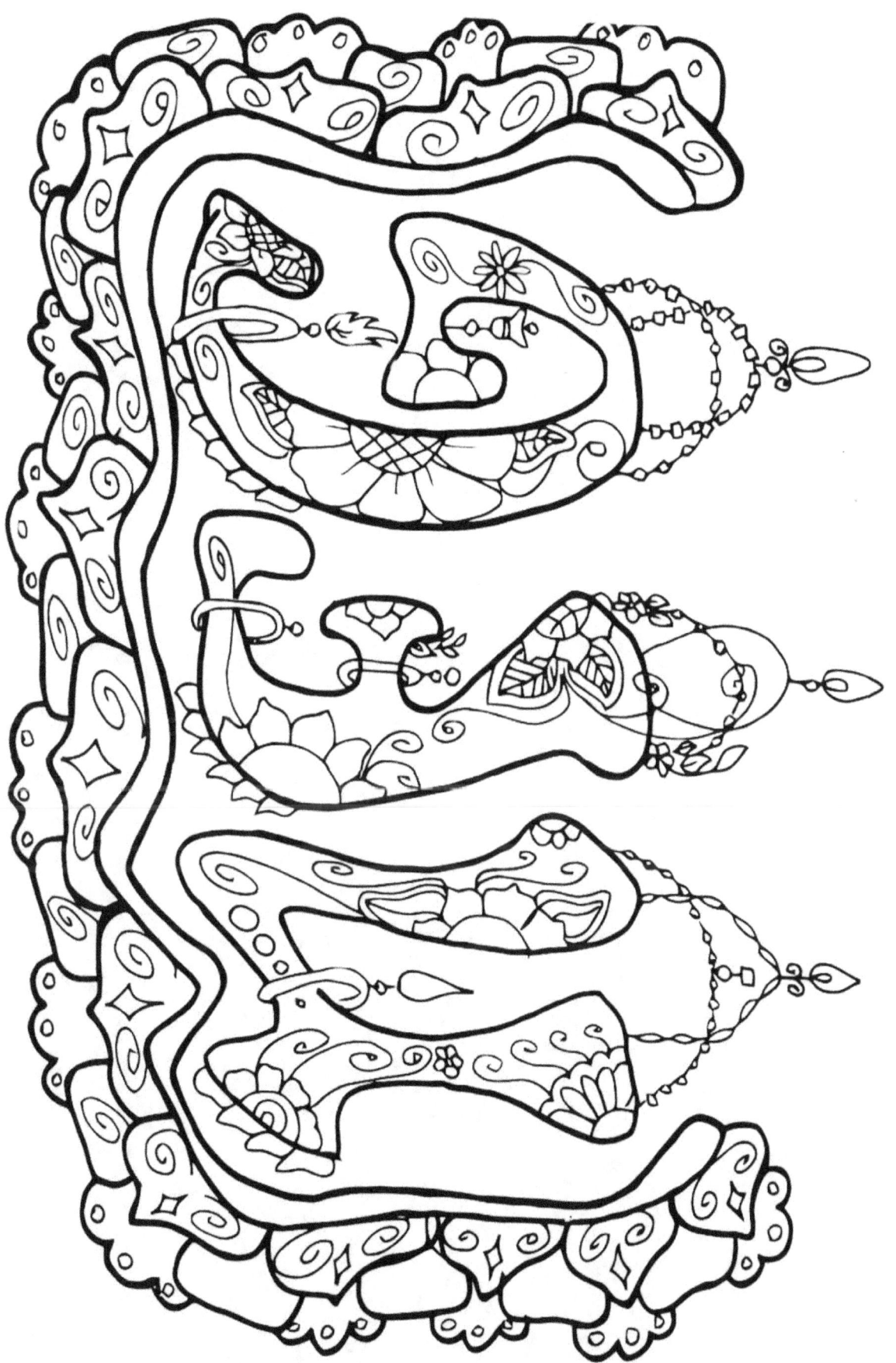

V. PEREIRA

SWEARY SHORTS

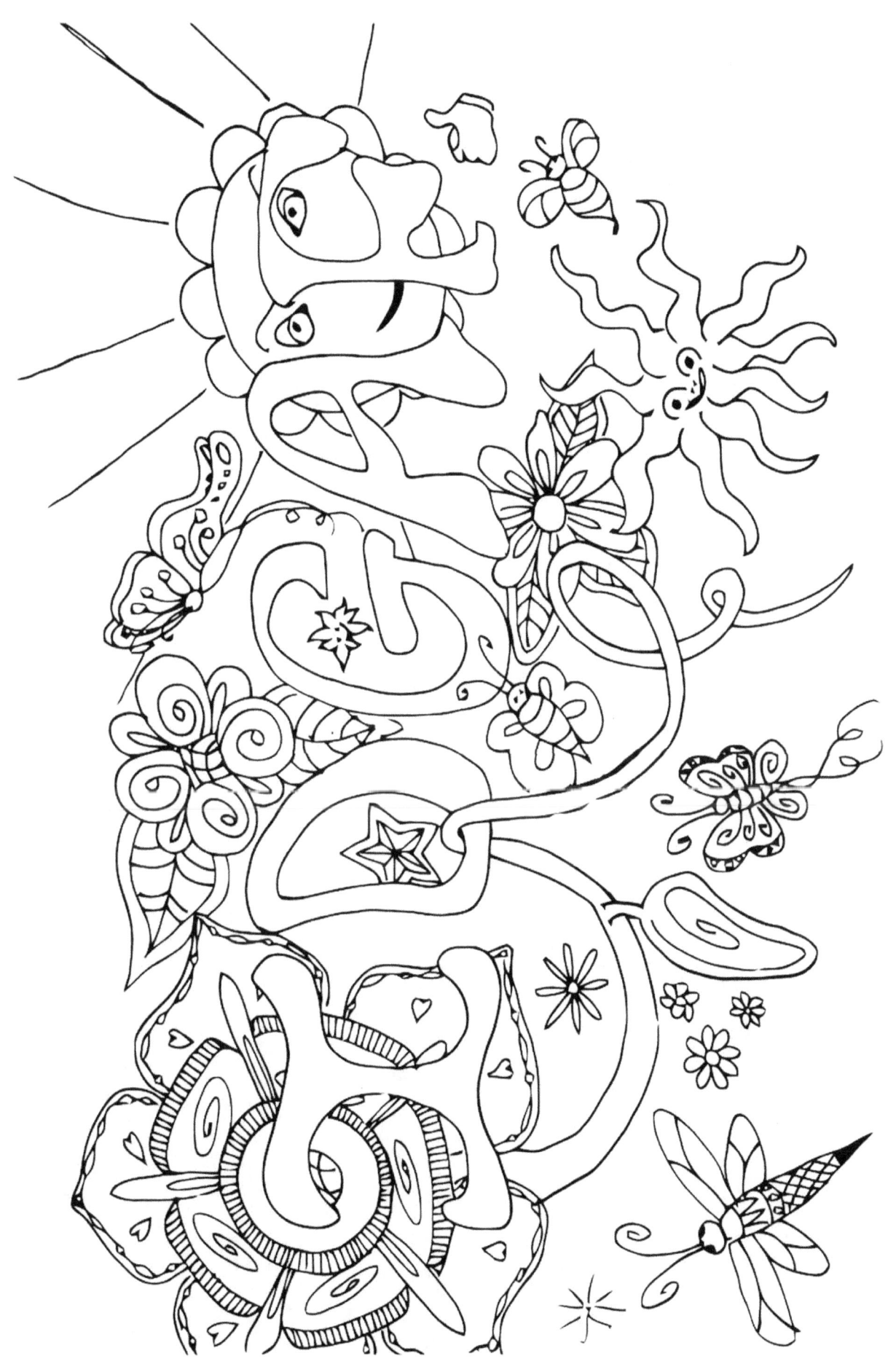

V. PEREIRA

SWEARY SHORTS

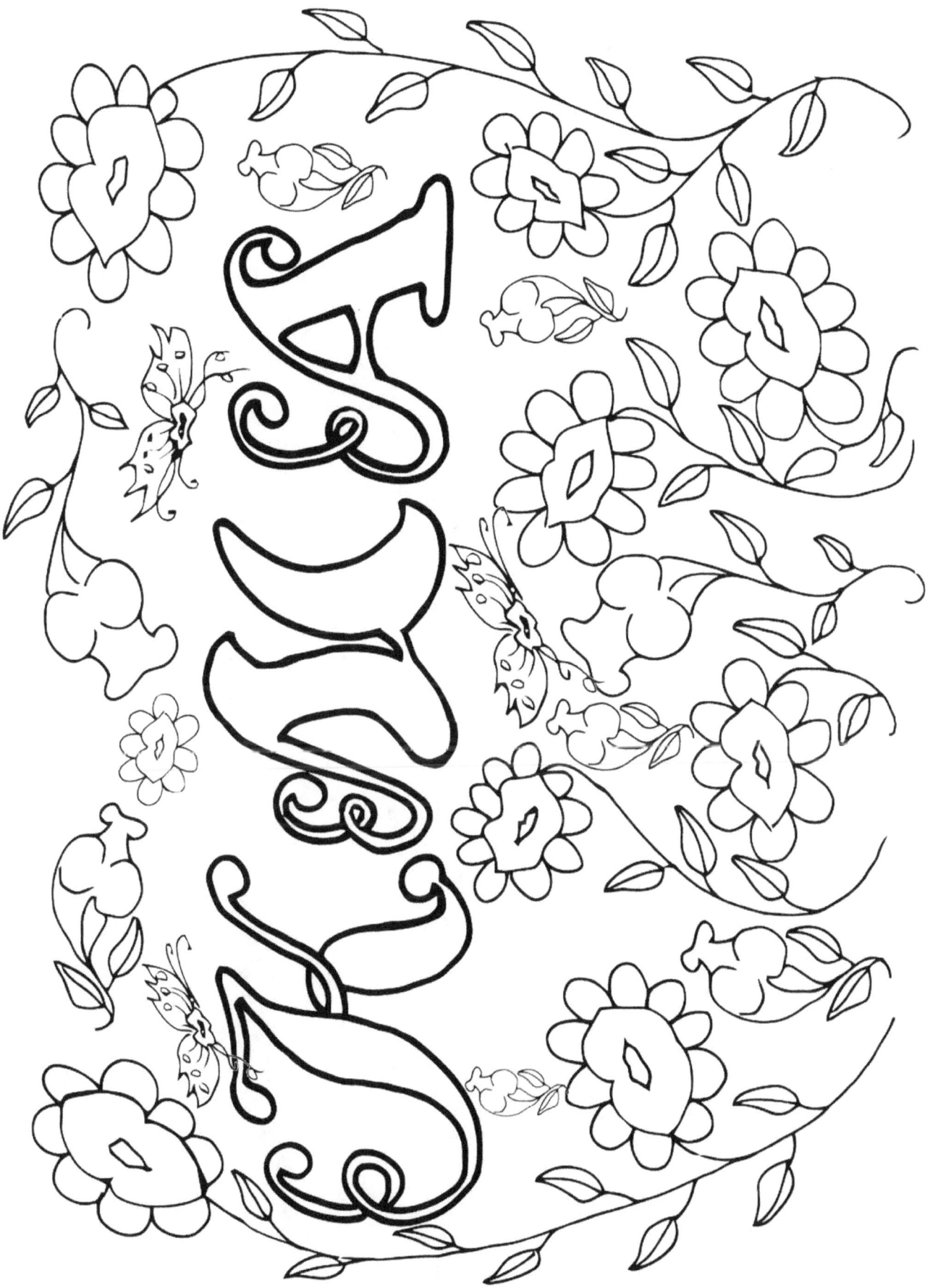

V. PEREIRA

SWEARY SHORTS

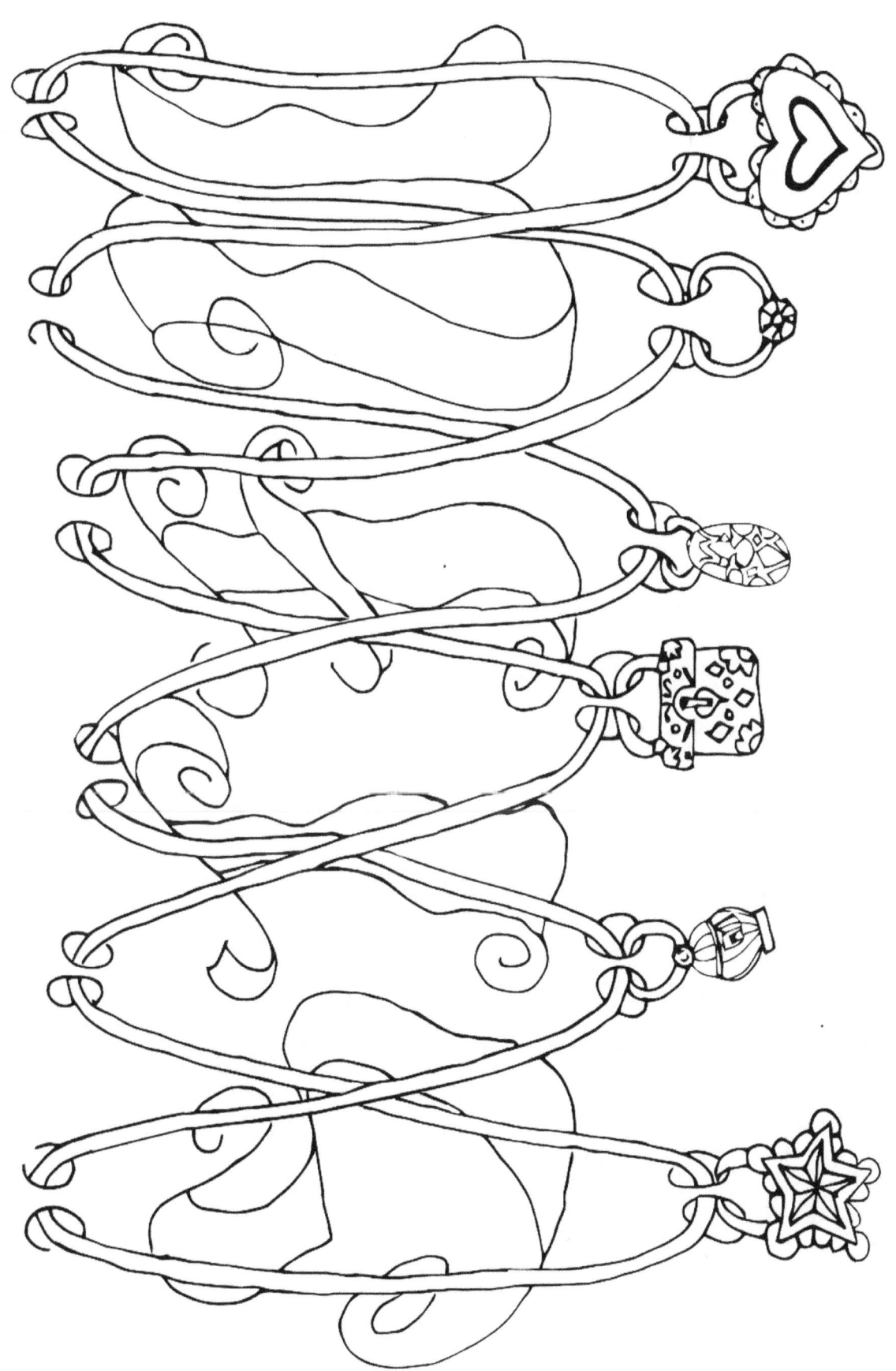

V. PEREIRA

SWEARY SHORTS

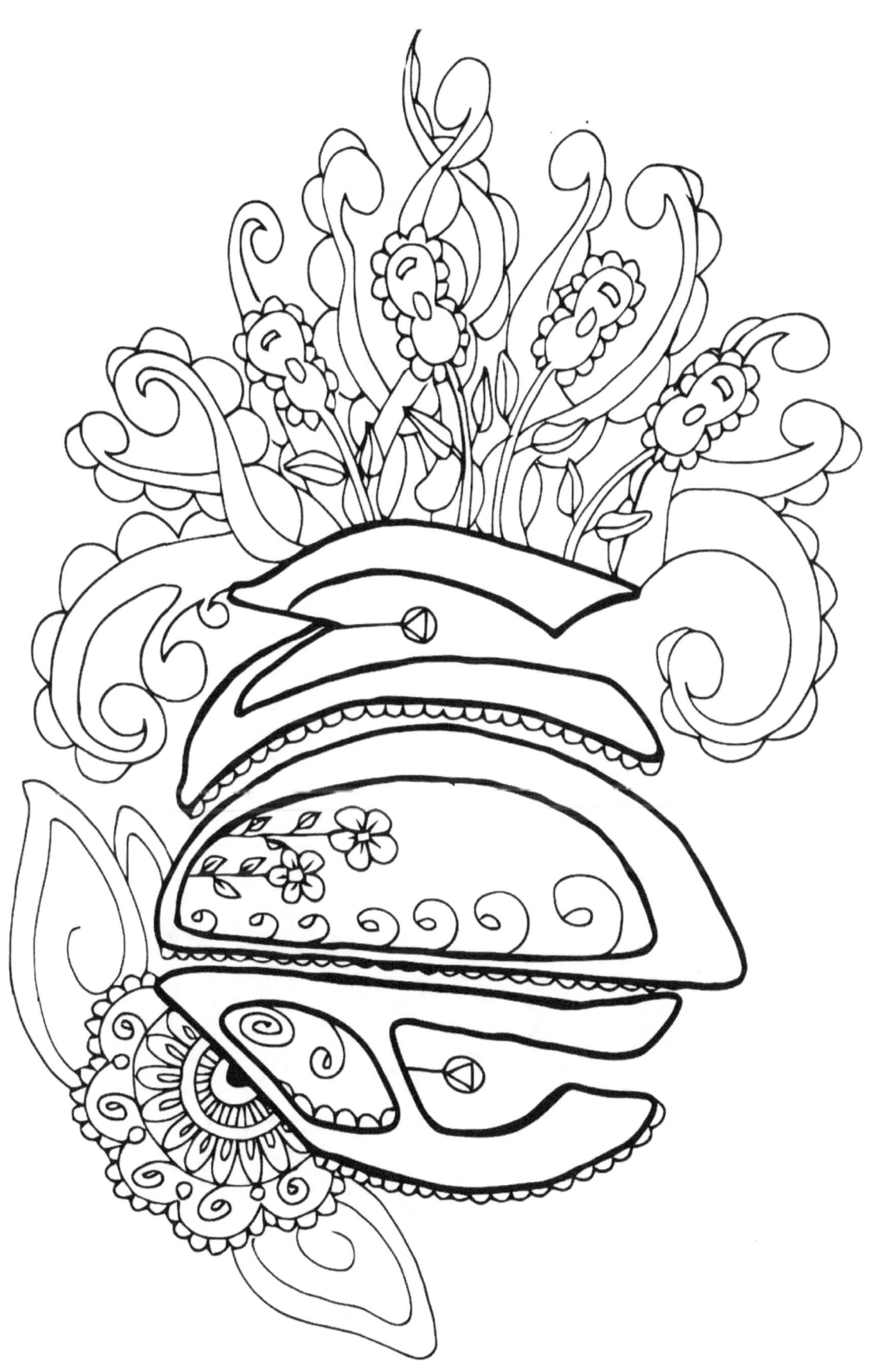

V. PEREIRA

SWEARY SHORTS

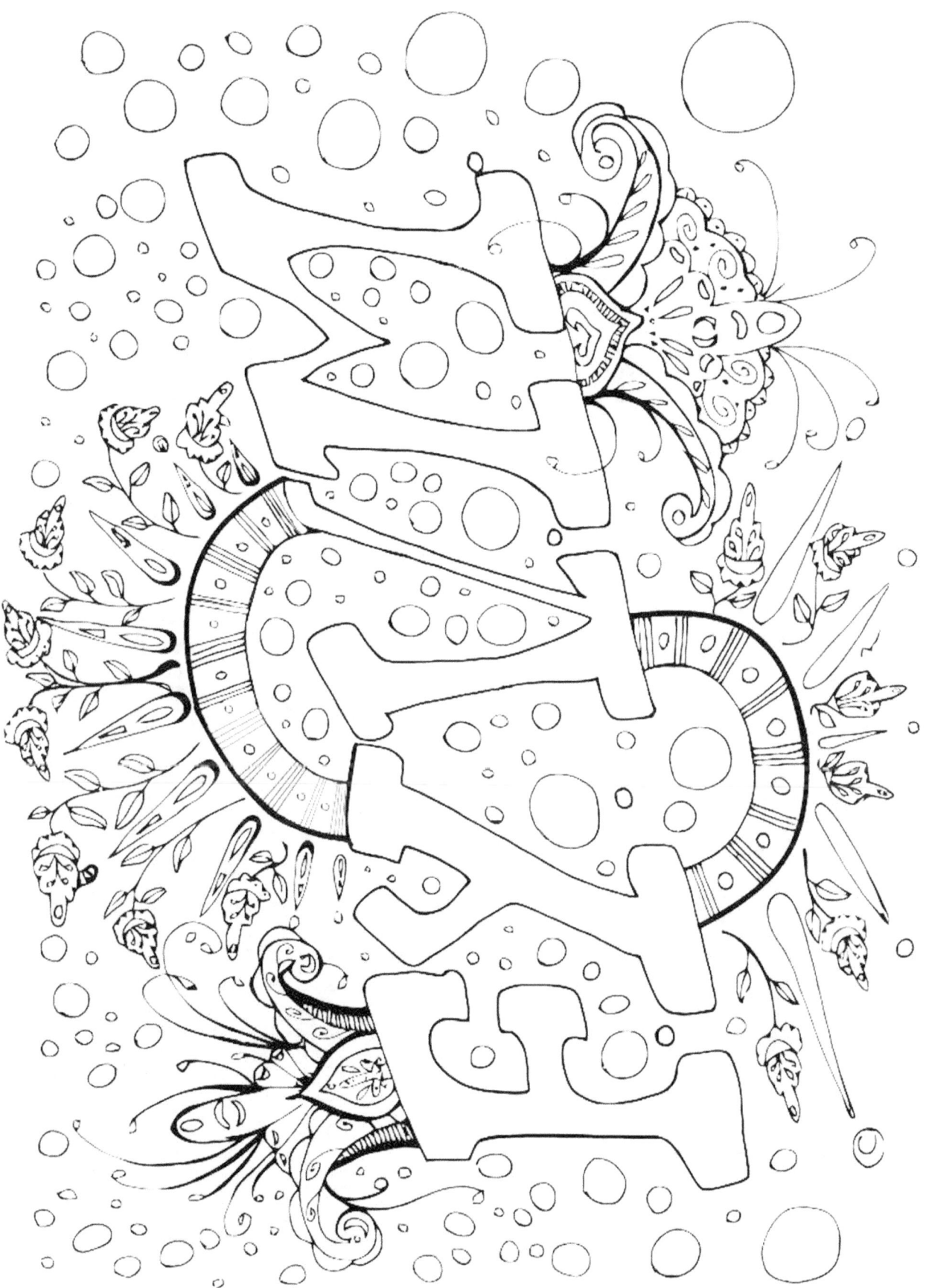

V. PEREIRA

SWEARY SHORTS

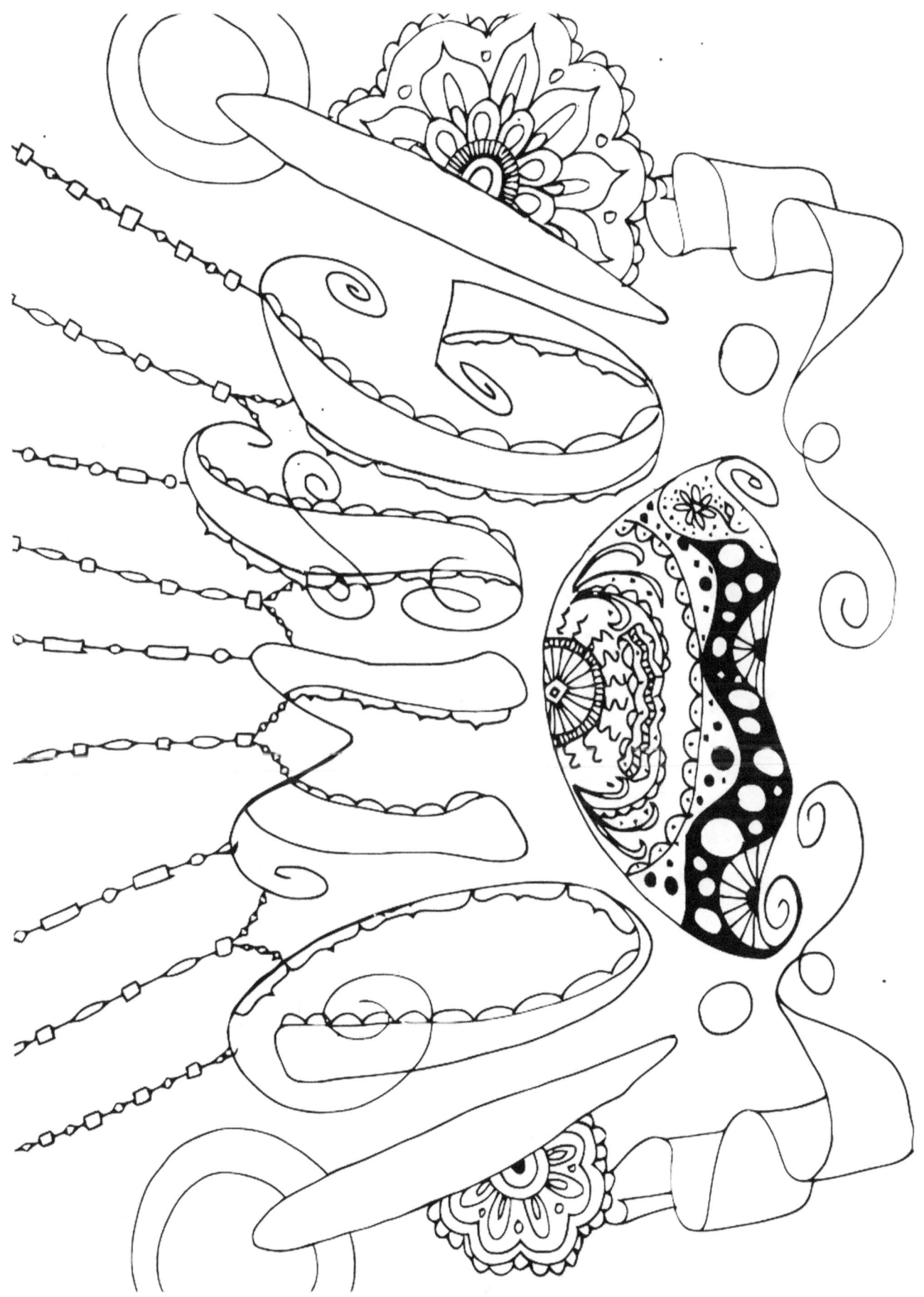

V. PEREIRA

SWEARY SHORTS

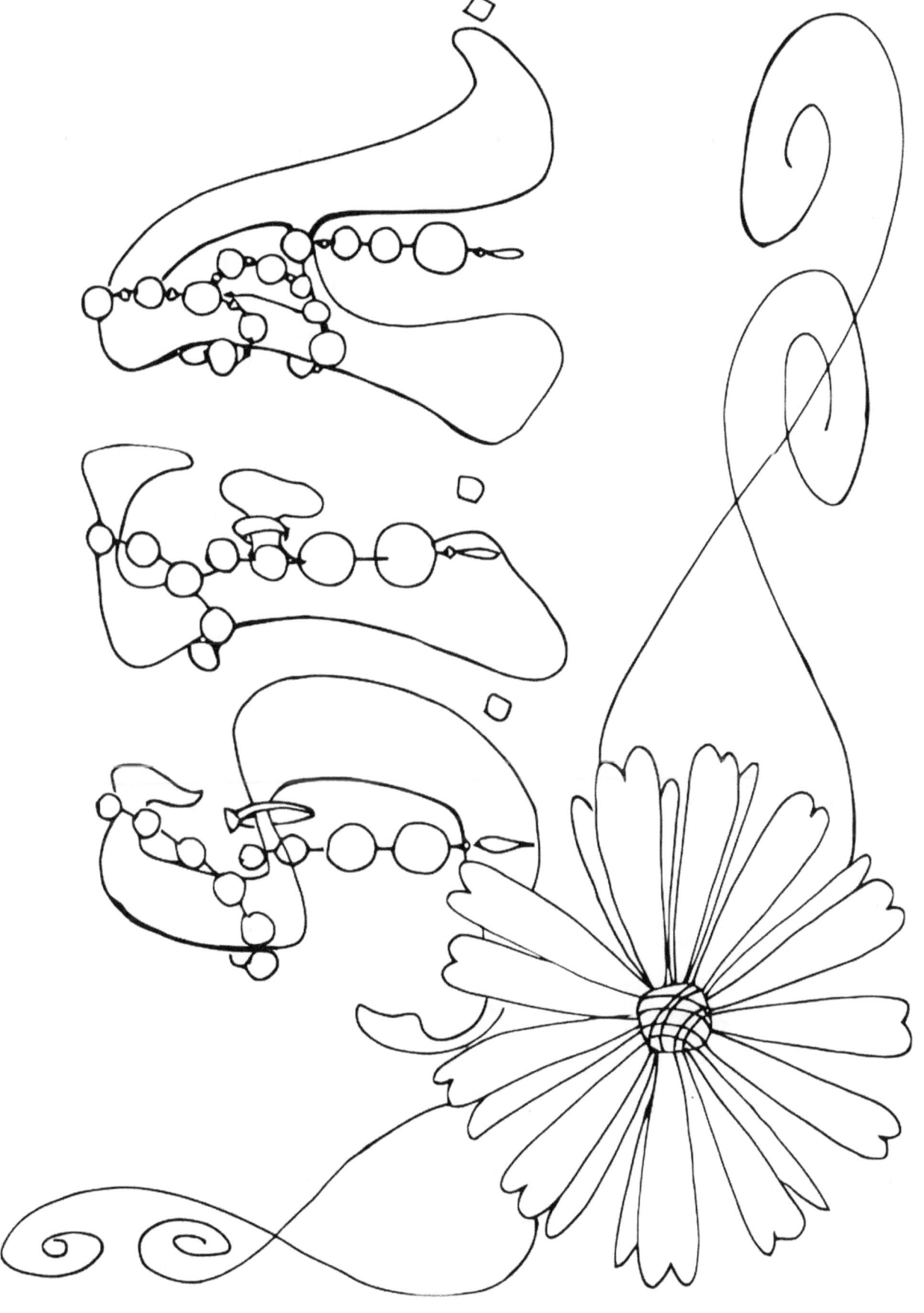

V. PEREIRA

SWEARY SHORTS

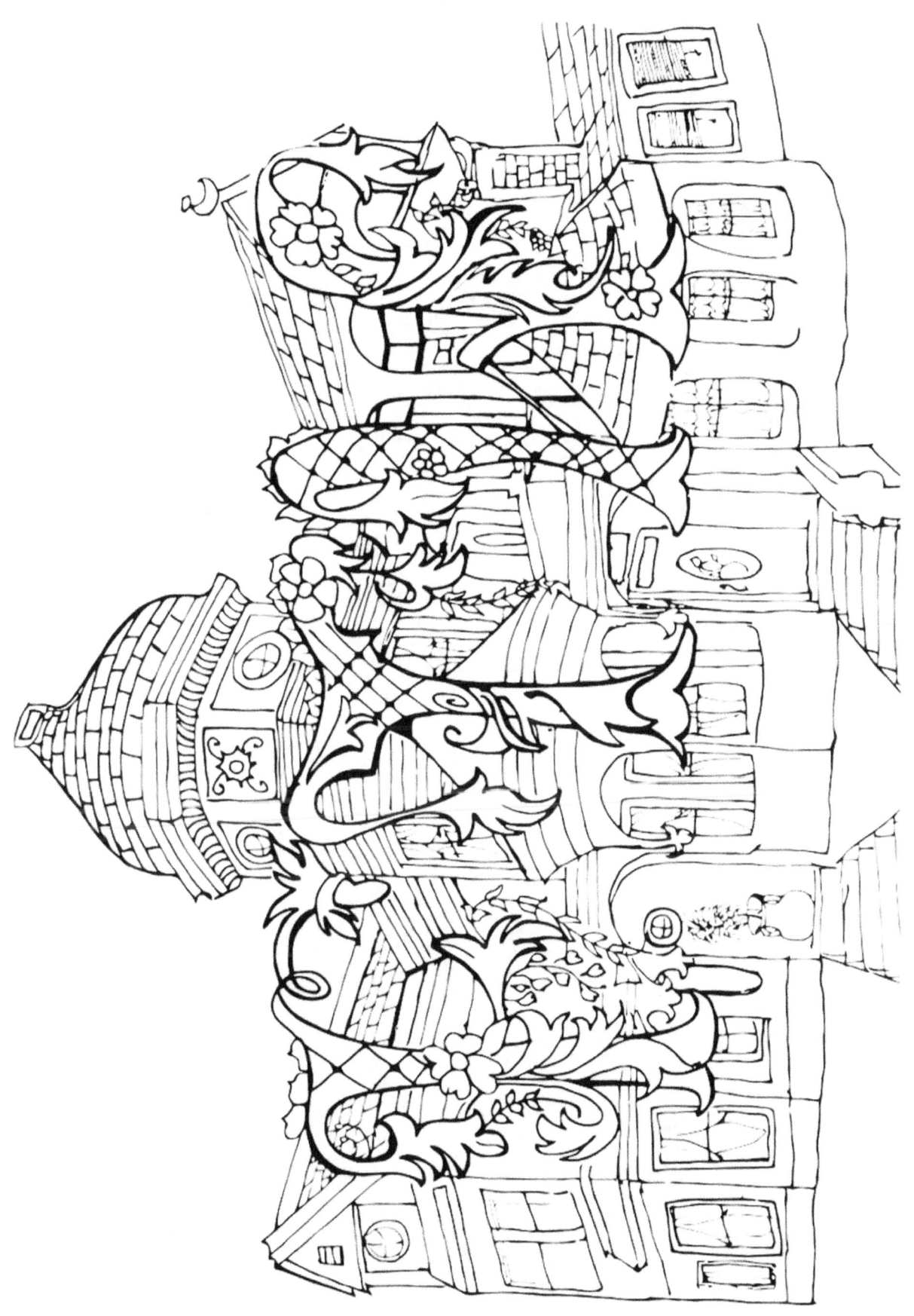

V. PEREIRA

SWEARY SHORTS

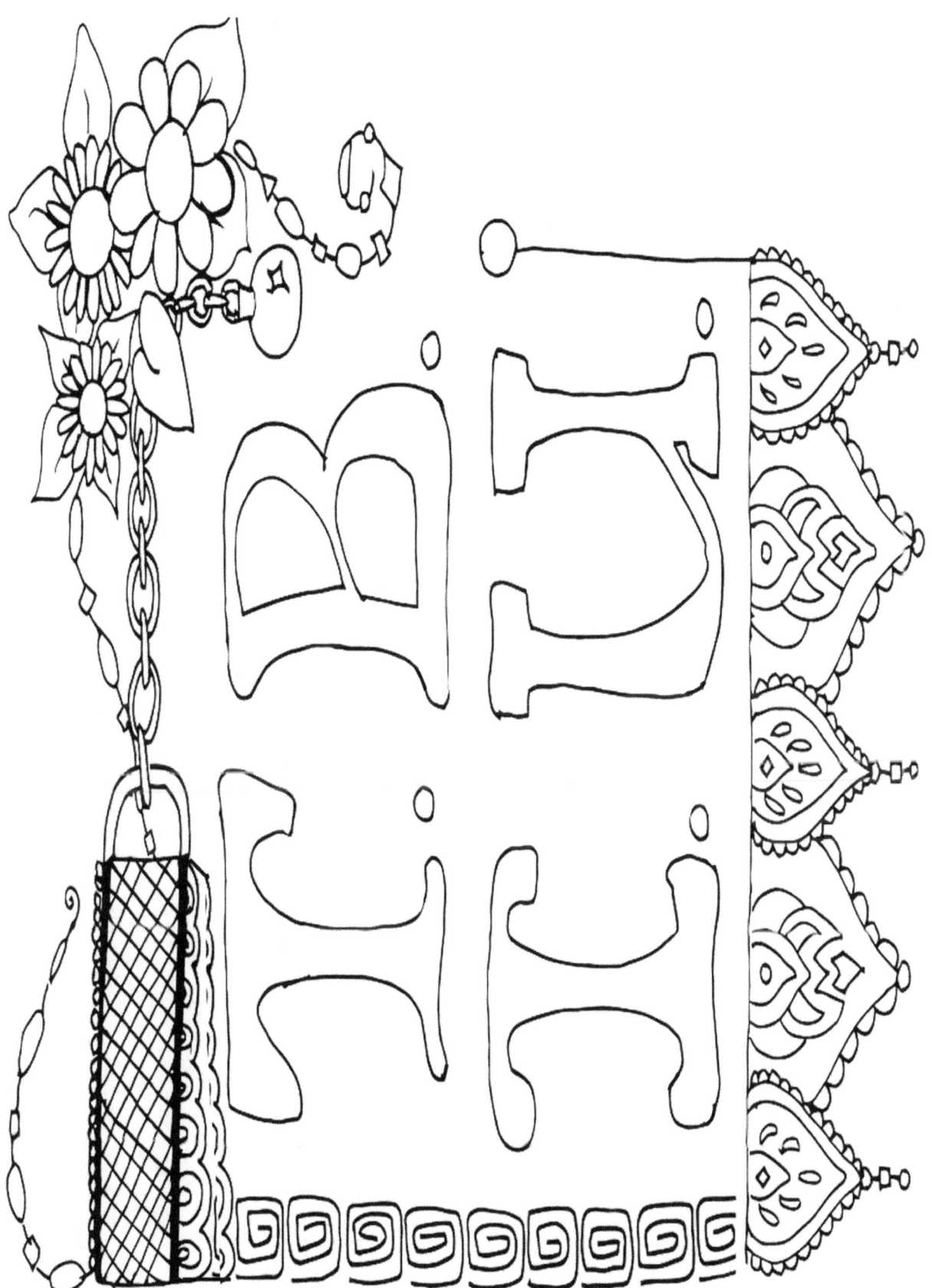

V. PEREIRA

SWEARY SHORTS

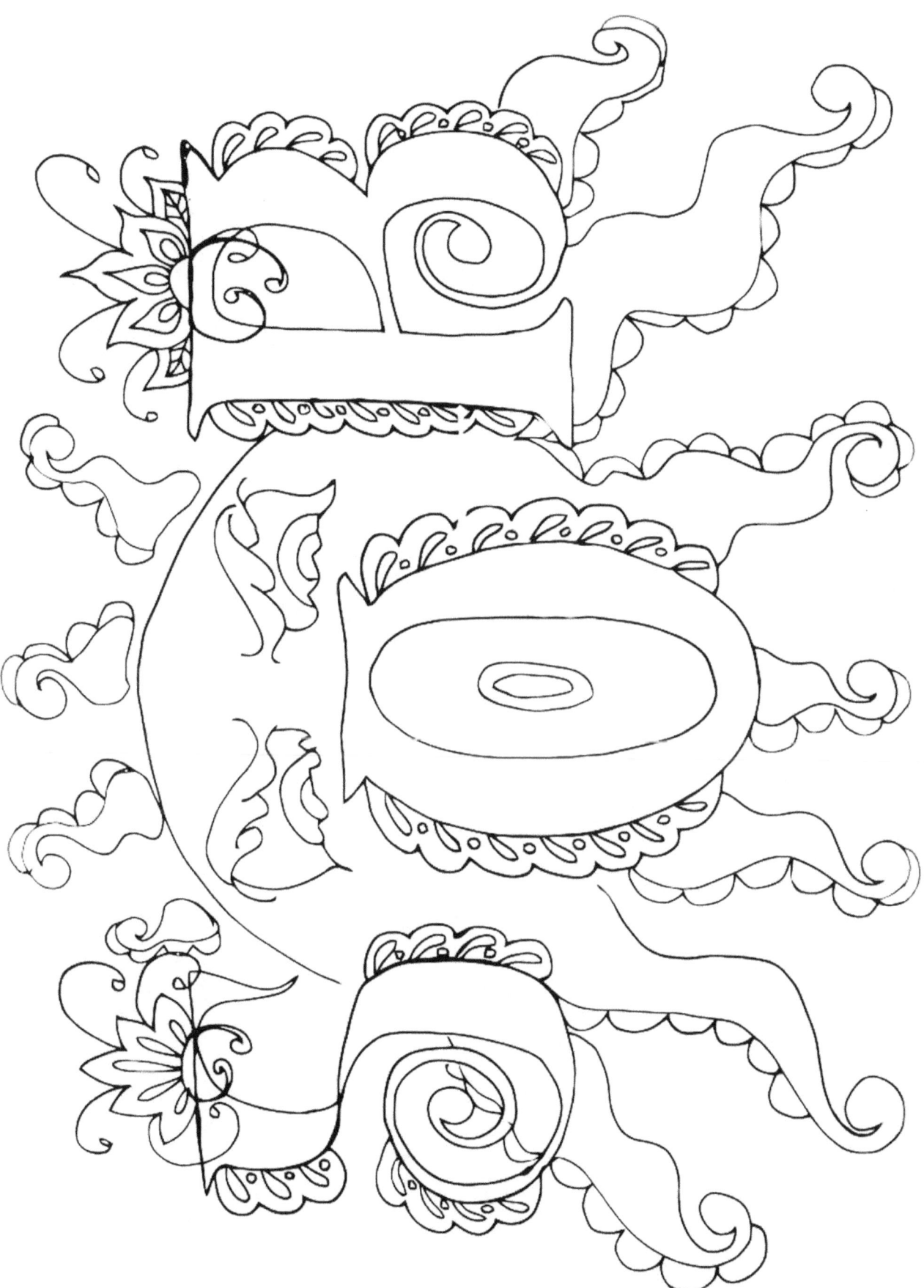

V. PEREIRA

SWEARY SHORTS

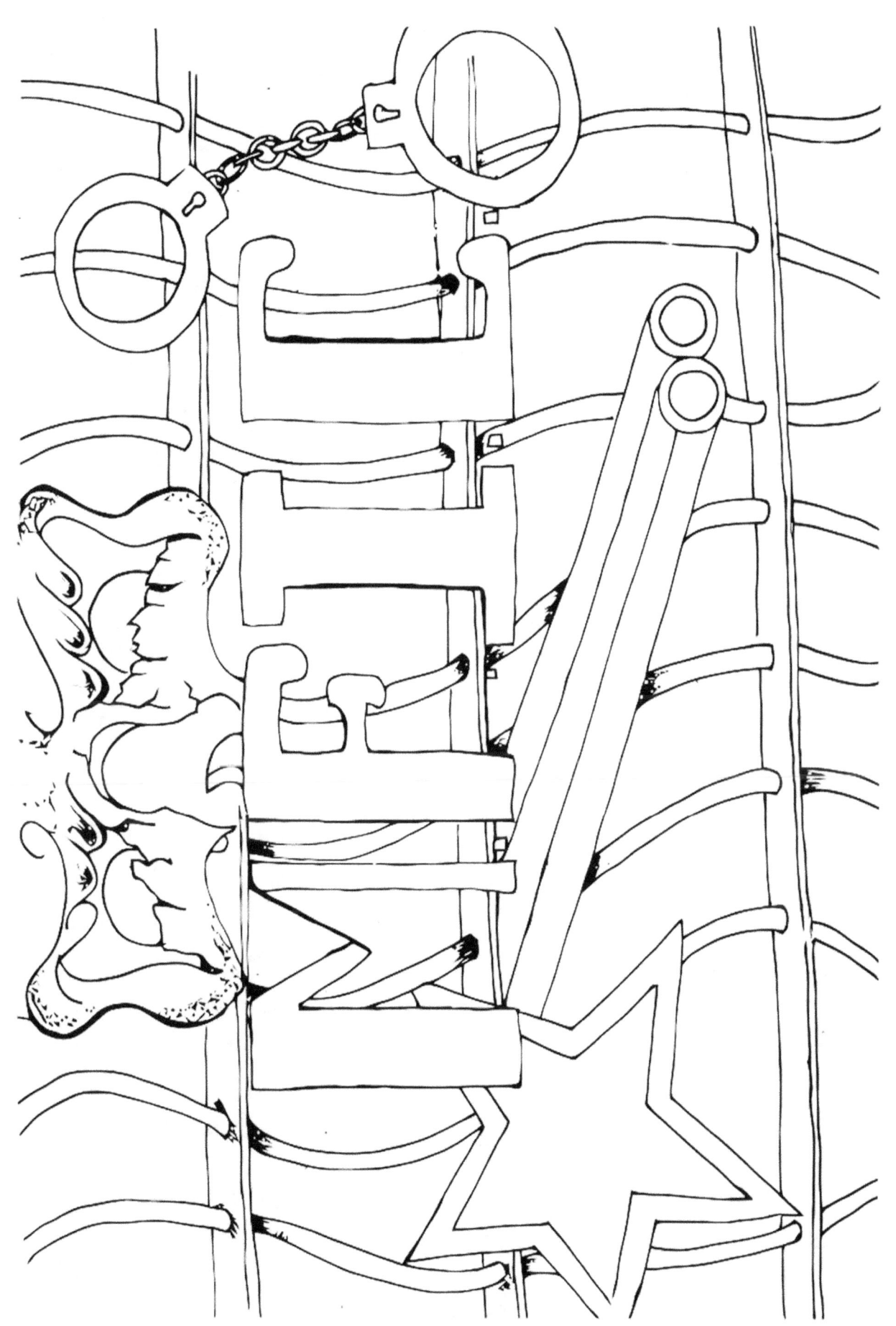

V. PEREIRA

SWEARY SHORTS

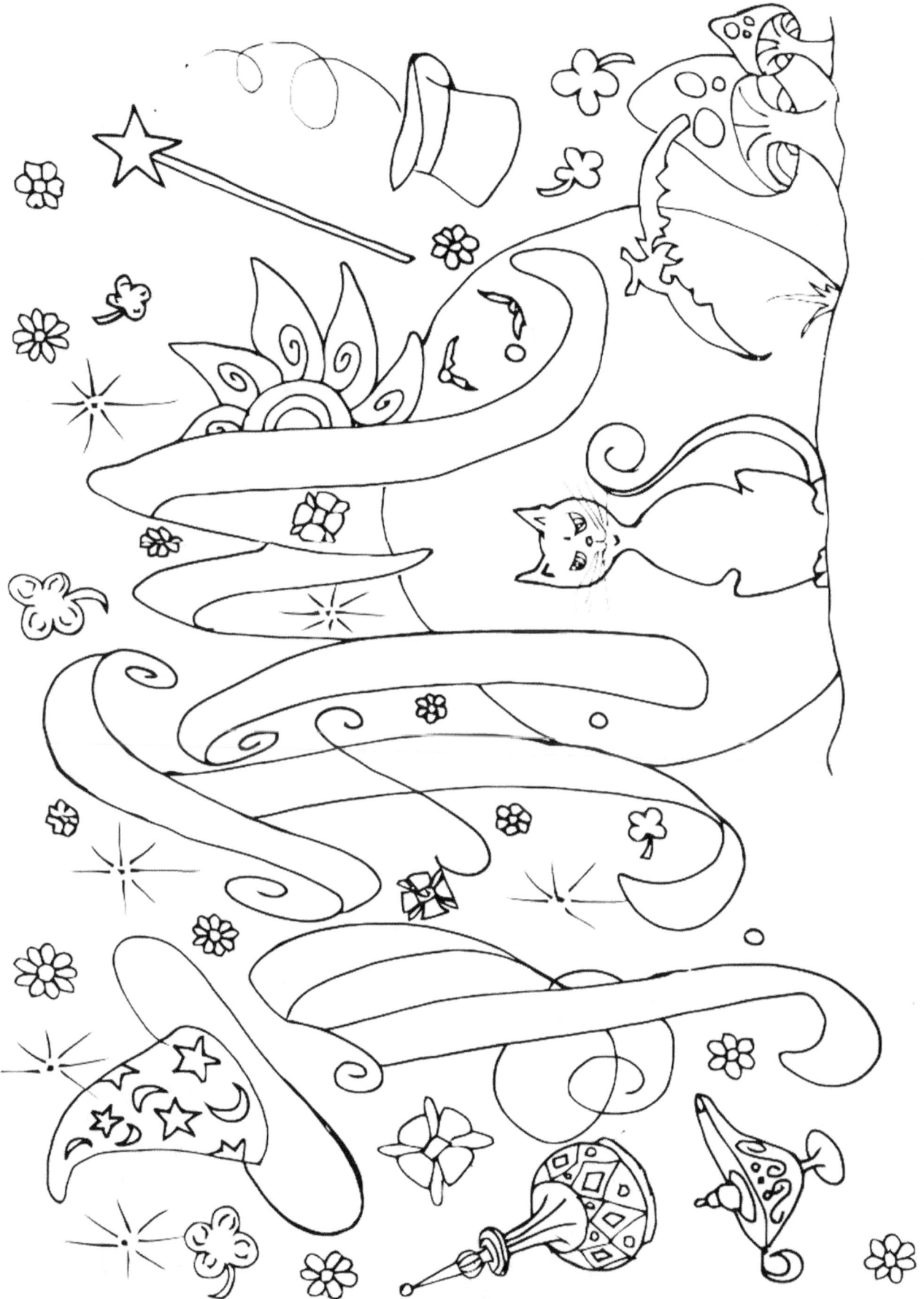

V. PEREIRA

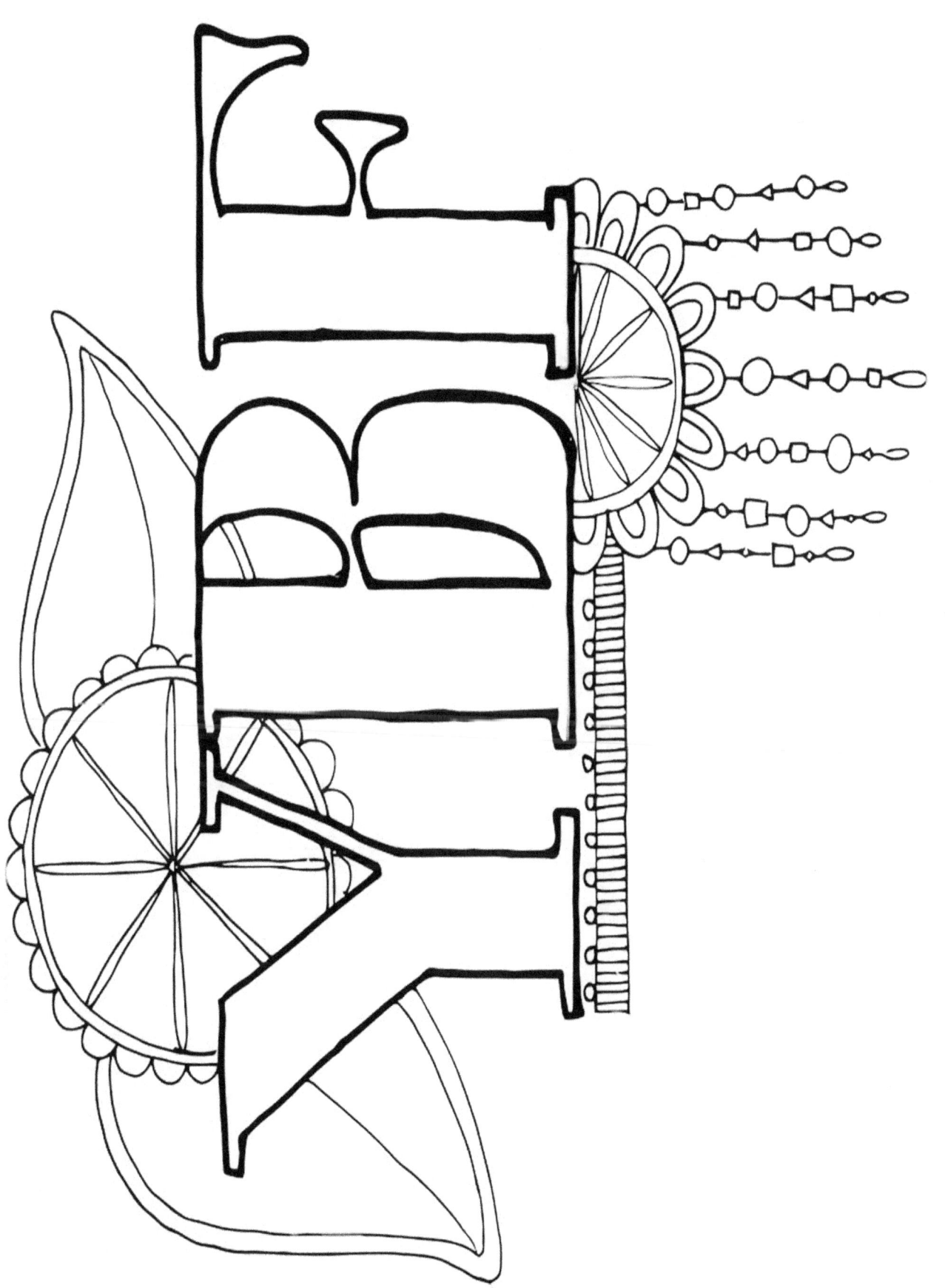

V. PEREIRA

SWEARY SHORTS

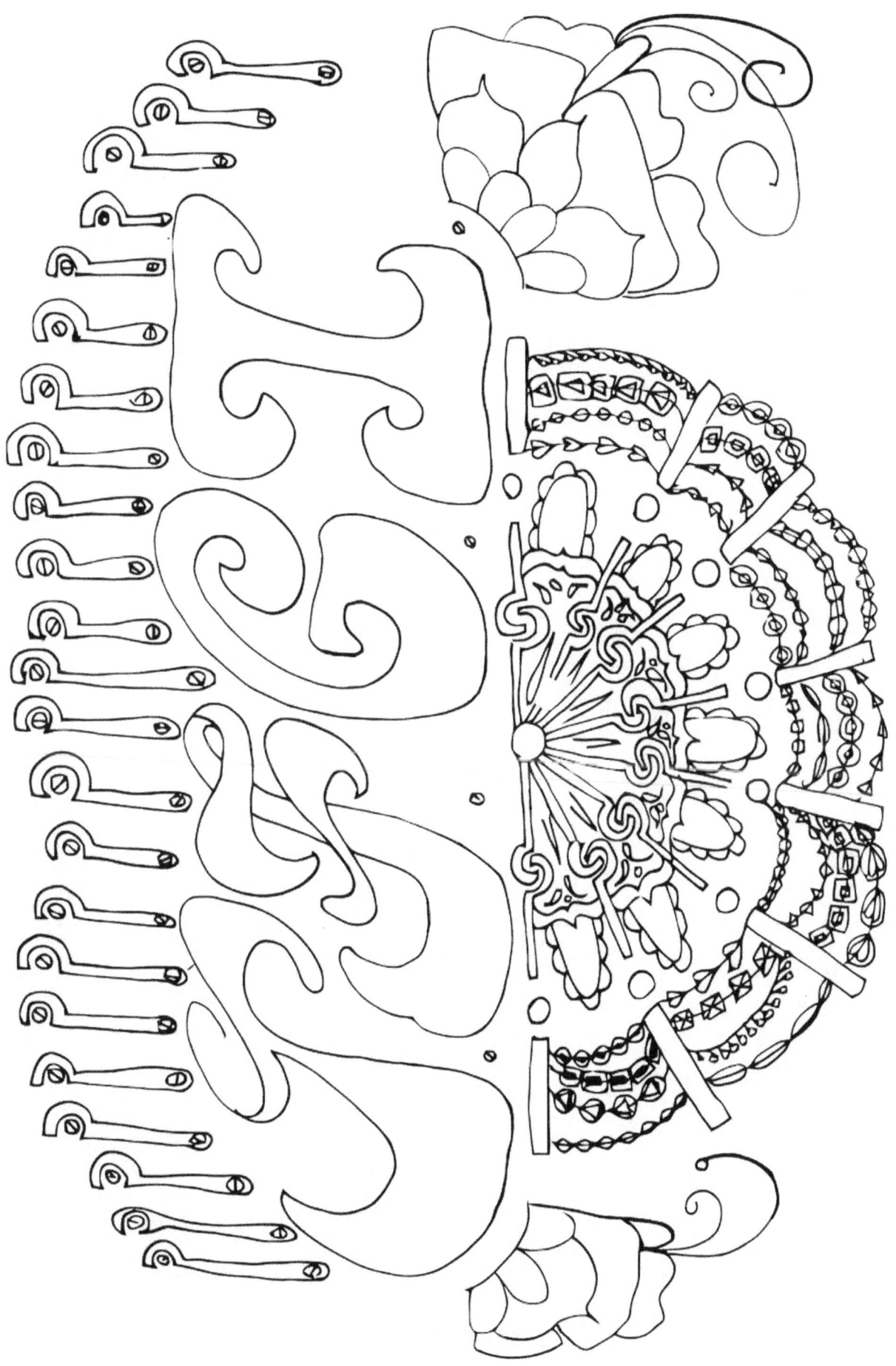

V. PEREIRA

SWEARY SHORTS

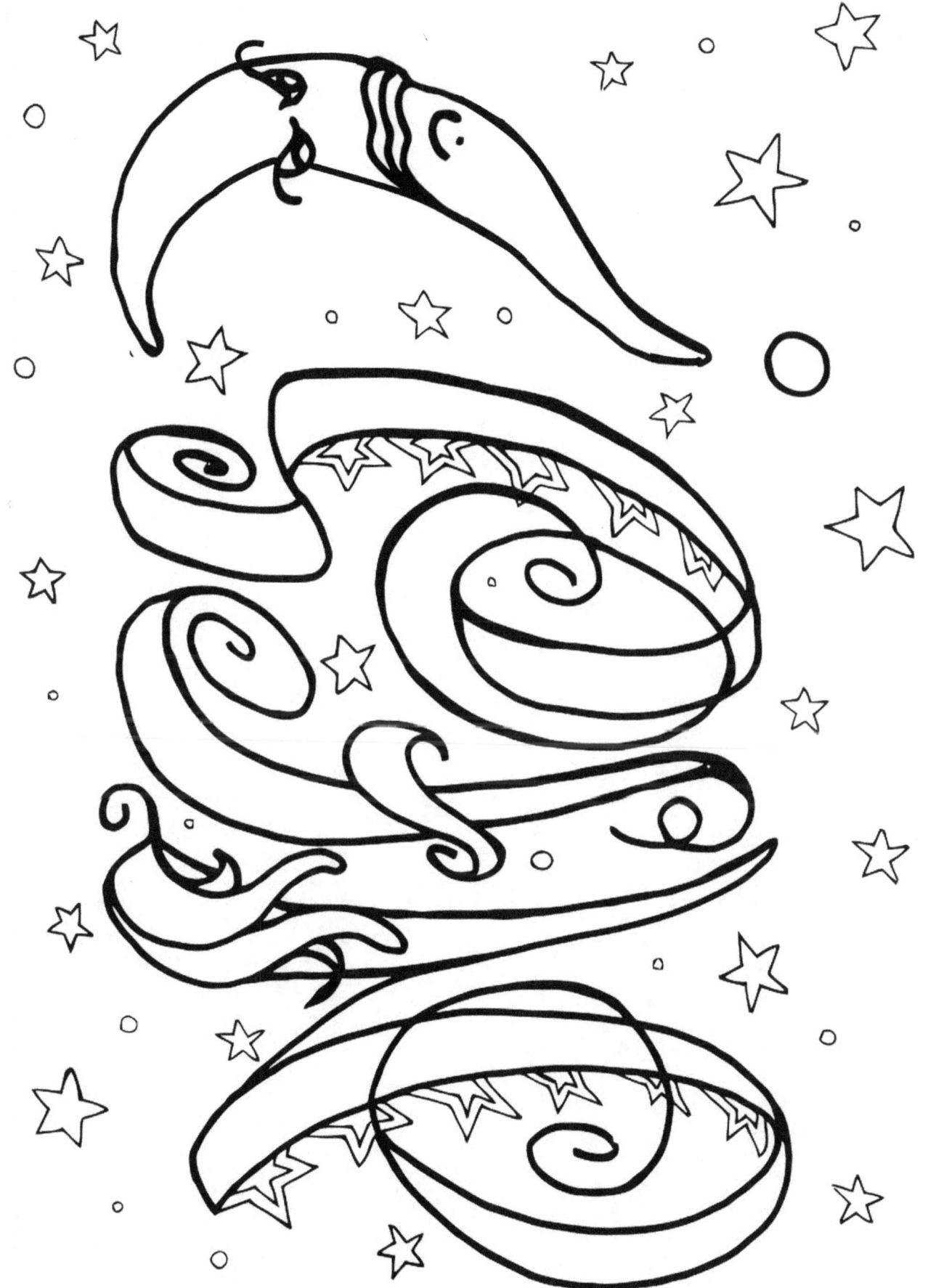

V. PEREIRA

SWEARY SHORTS

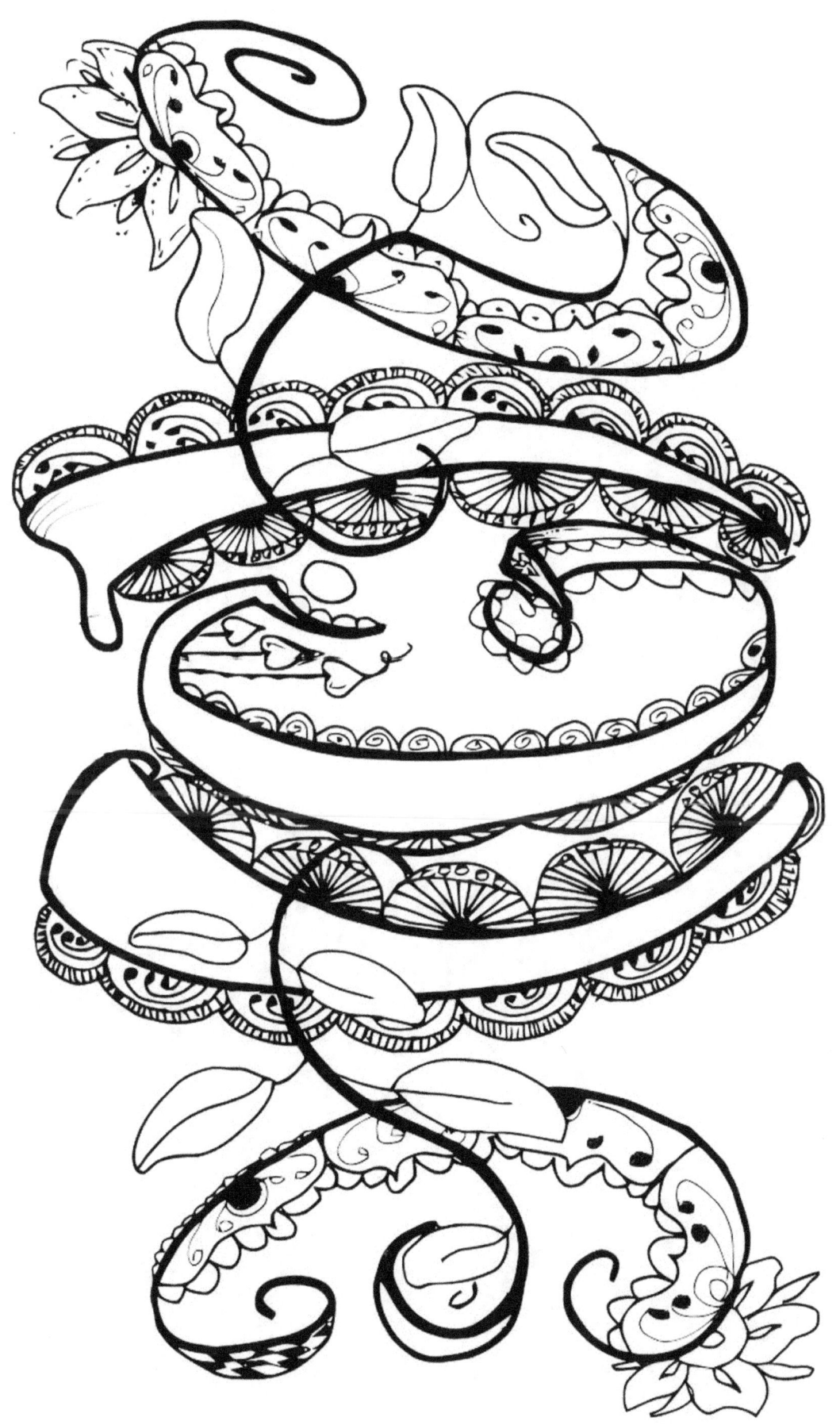

V. PEREIRA

SWEARY SHORTS

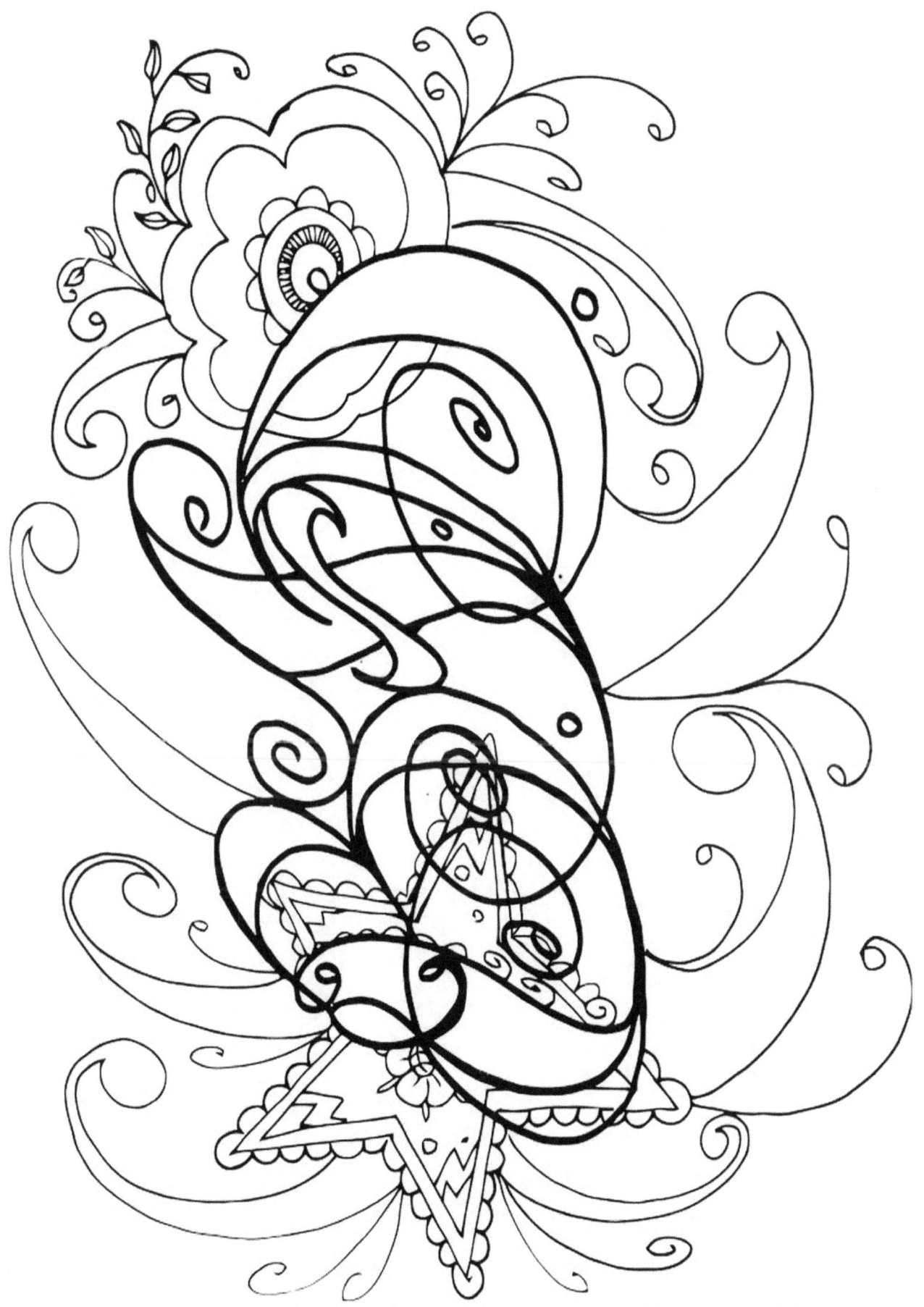

V. PEREIRA

SWEARY SHORTS

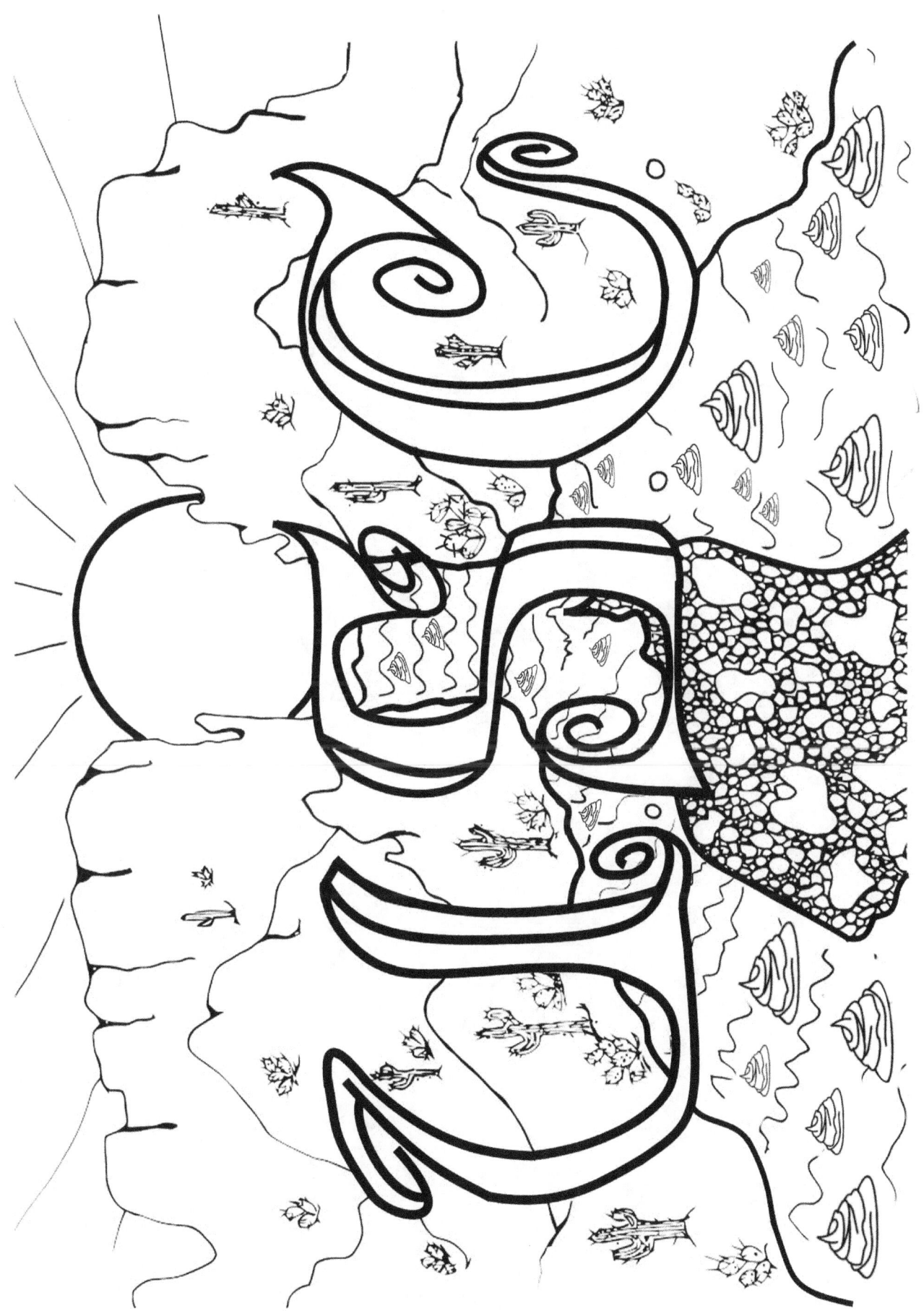

V. PEREIRA

SWEARY SHORTS

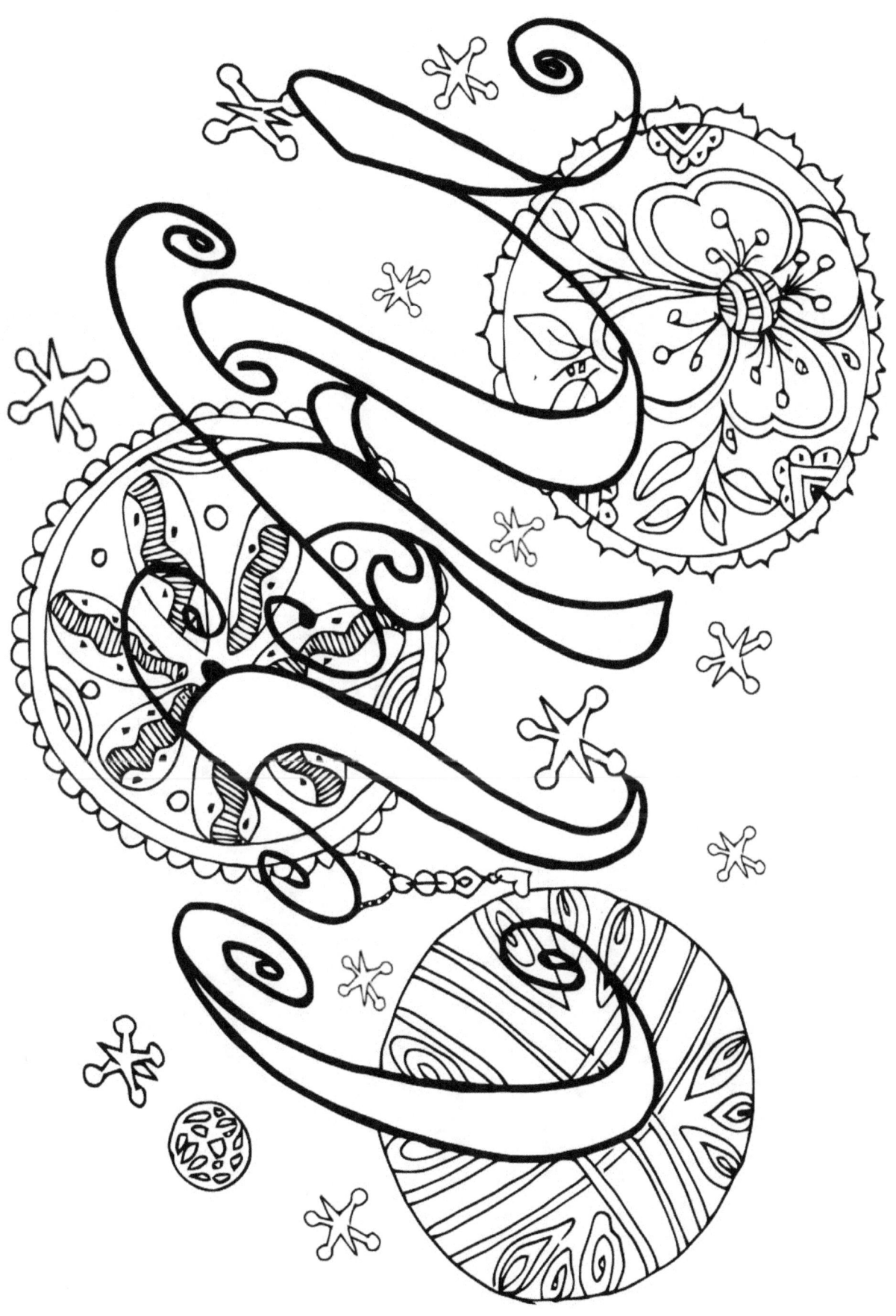

V. PEREIRA

ʏ

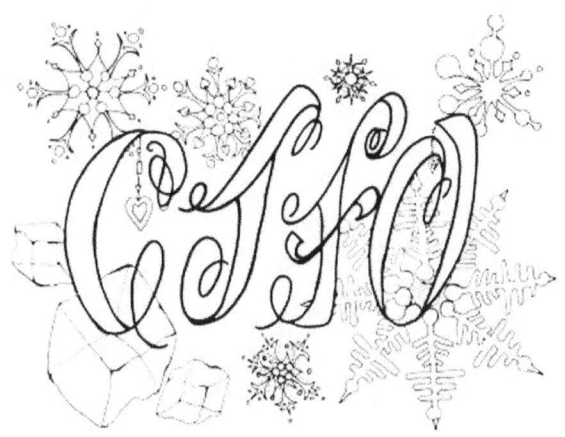

R N I M O Z K W P P
X H G N I L L I H C
Y X H G T Q X W C C
A U A K J N Z U E S
B N O K X P M I E F
O M E X L B D E H T
Z Q B F C O R Q E Z
J B B Y U H O V F X
Y A A T E C Z C A L
T J Q D X M K S L G

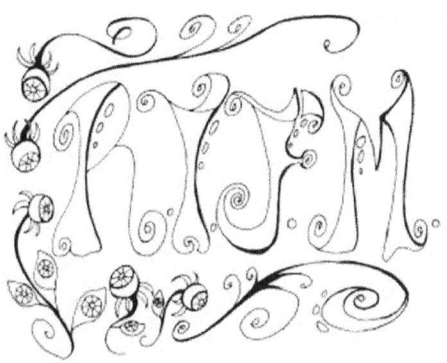

F Z S D C V G T A M
J U G Q L F C X K F
W W C N Q R Z L U P
T L T K Z T A K F J
C C C H A I U T V A J
K Q E J N N P K X M
L X R A J M G O T A
U C M E U K Y T D S
G R D Y H X R E A D
P V Y O S A M G C M

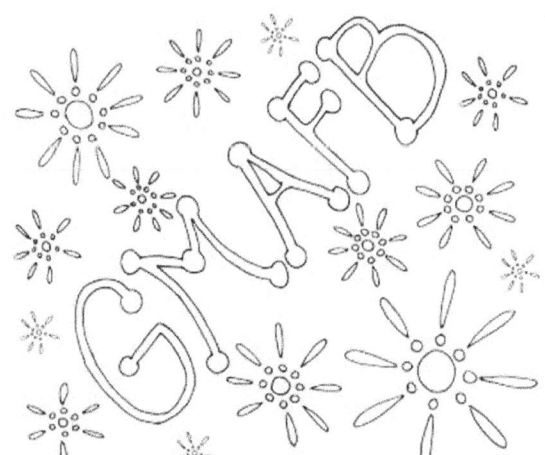

M V D X X L D J D B
U B F G G K E P N R
N J G D N V W X Z E
G X L Z I G B T Q A
Z X H G K Z L P R K
Q Q D R C I F M T Z
A L Q Z U Y M Z Z B
T F T F F E W S Z G
Z K F X I T M S H I
B P L P M H Q Q E F

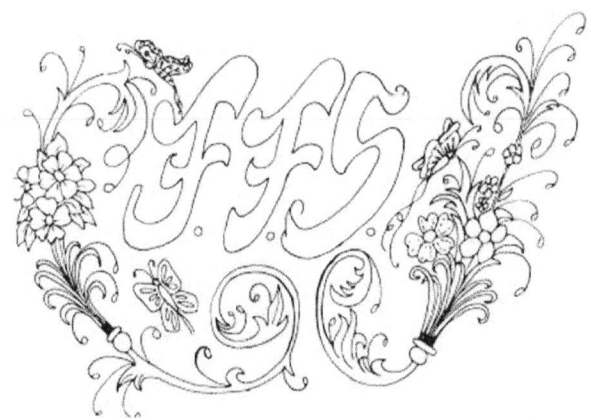

Z O Z C G S K C U F
M M I F E Z U Z D X
O W A R W W T U S X
B C P Z Z H F R R O
I D Z V N B E W O Y
A E Z L K Q K F V F
L X H M V M A W T Y
N U M K V X S Z F M
F Y Z T I E B D X V
B K N W C G P Y O T

V. PEREIRA

SWEARY SHORTS

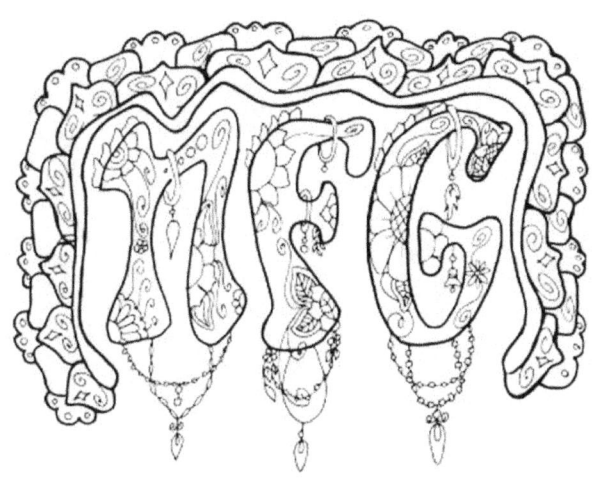

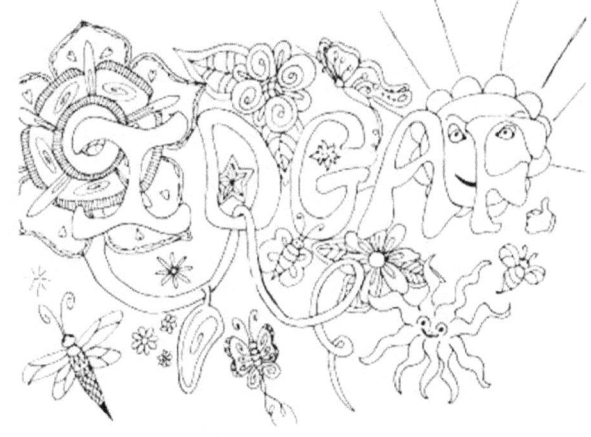

Q K S B H W F X W W
L S P N V H O A D X
Y G N I K C U F O K
S E L F X F C Z O N
S L R I O H M T G M
V I X N U J W D Z I
N M F Y V F A L M Q
G N X X I Z E J F L
H C A L R W C K H B
N D H U U Z P N N A

D F Z U O I I C E M
E F N Q A B B U Z S
R H Y R N B M N N S
G T L M D U K O A G
U N Z Z B S C J I W
Q O R A P C U S G Y
B D D G S N F V Z P
Z S D M I T G I V E
U G S F Z L W W L V
T V N G Q U P H C T

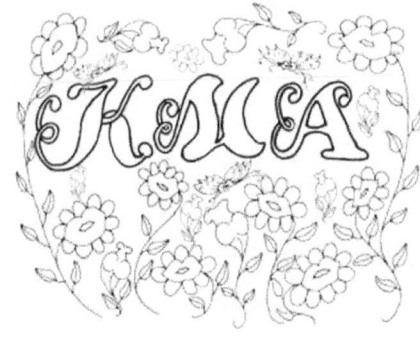

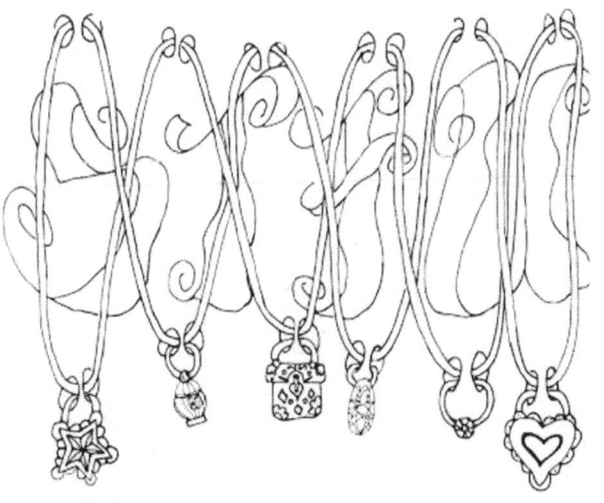

A U G S X X E Q M M
T K I S S D K R B P
V G P Y X F Q L V C
F U U T C E R A M T
I F Q Z S K E M J H
Q E L E V M X D W N
H Z T F Y M C E S J
T J I N C M L S Q Q
F H W A F M M O S J
A A S T W Z X M Y A

G W A U T U V A V B
U O P R B W C H H G
Q Z J J S C Q E W A Z
F T J F I R B N W V
Z H E N P N O R G Y
J E Q J D Z A S C L
A J M P H R X X K I
W A O C V V Y J S Z
F U C K B M N Q U Z
P W T U H S U B J W

V. PEREIRA

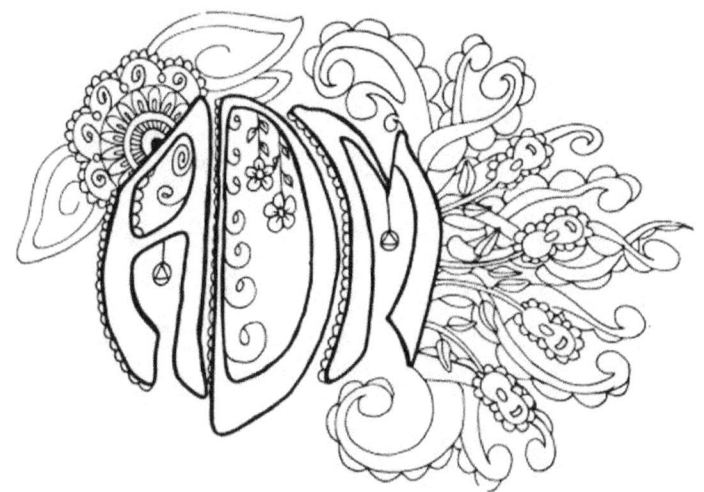

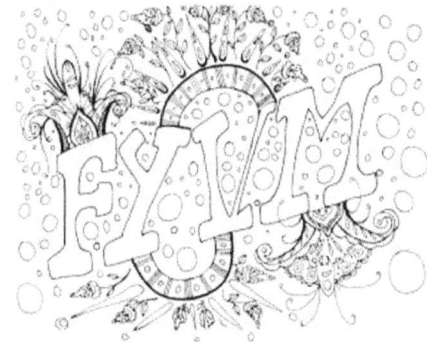

G X P G U Q S D H A
B Q R T J E J D Q G
C U I G U M R D I P
R V R N E D S Q S T
U V R B Z K H E T O
A W M H Y W S O I B
M U Q R C X J T V V
D E F R B F R U Y Y
A D D I O S F H E D
Q X Z S N C P H X A

J D Z Z A J V Q Y H
G G N T E O K D N I
G T E K X V Y M Q K
V S G M Y O K T A P
K N N H U M P O K T
A H C G R C T C C X
V Q L P S E H V U M
P N C B P C Q E F N
Y Z F I K Y O R F P
U C T K X R A Y I J

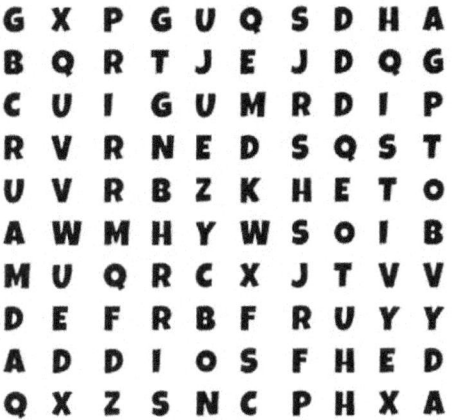

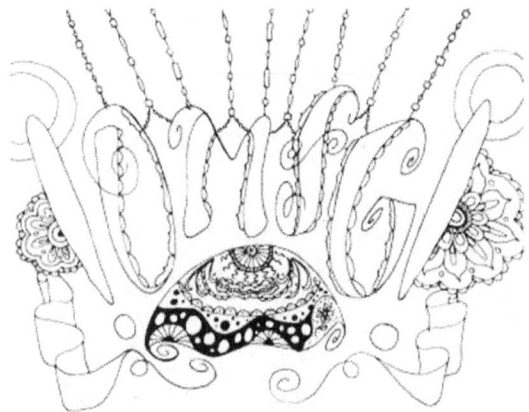

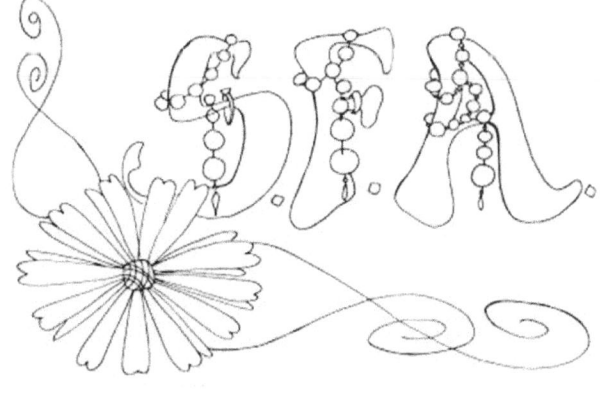

O L R A D O G Z U Y
V Z N S V M B F D J
X Q W Q C Y I O S R
G U M W A M F V E W
I Y W V C U H J O C
D Z U E C S R M Y M
I N O K Y H R T O K
I E I H X K E H A N
V N M Z C H D C Z C
G P C U P N H G O D

O M S Q S V N U L B
F U C K I N G P Q D
N C D S H T P K V O
Q Y I V D N W P P T
Z C P Q E Z D J E I
N C U S L F P X E Q
R Y T T F A H Q Q M
K J S C D C B Y P C
F X R A S S Z U V M
W O T R I W G D V U

V. PEREIRA

SWEARY SHORTS

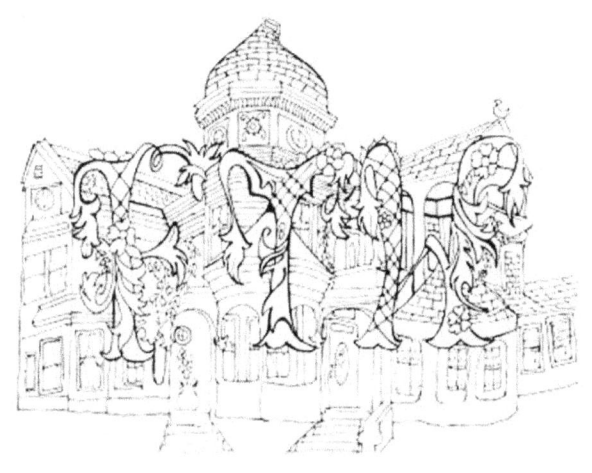

```
B O O V T I C X L O
D L H M H D X H C X
G C G J O L I L L T
B S Q U X U E S Y M
D D F I G T E S I L
M L Q W H Q G I D K
G R E E A Z I J V O
X O C G T E R M U T
I W I M V A F U C K
P B G G Q B G C Q V
```

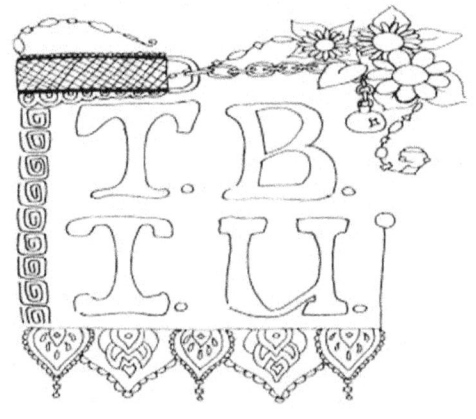

```
I X P X U I Z U K A
V G P E O D M X Z P
J U C Y H H P X A U
O J E X L L Q N H U
P D F U U G T C F J
X W H N Z H U H L K
T L C C F V I H E Z
W S T S Z H K M U G
Q A I I P V E C Q K
X D B G S U Q Q Z R
```

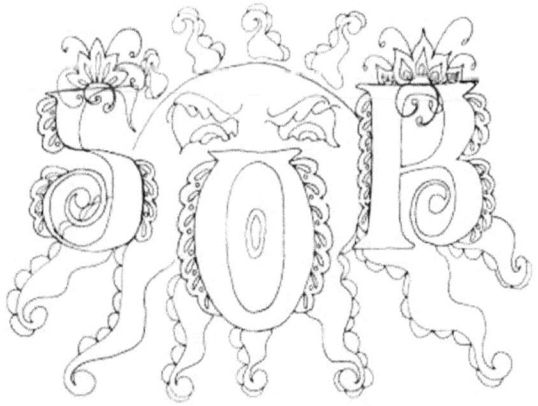

```
A N O K O R S O N B
Z C X R C L V A Q T
Z Z H A Y I M R R R
O N J N F O G V C N
Y M X I J G F E J W
Q J R V K R U B L K
V A F K W W Y I X K
C W E E V D G T D K
I Y X I M R M C H V
N N A Q G K T H H N
```

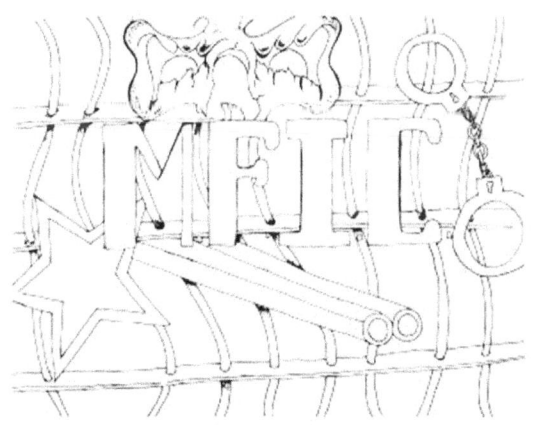

```
G R E K C U F R F N
C E T P B J U F I S
Q H V A R E X F H T
R T Q B C N H I I Z
G O E F C K G K E F
R M Z I B B Y G A L
S O D C H A R G E C
M T I C U G E T V G
A H N U I N D L F T
D M F F J V V E A H
```

V. PEREIRA

SWEARY SHORTS

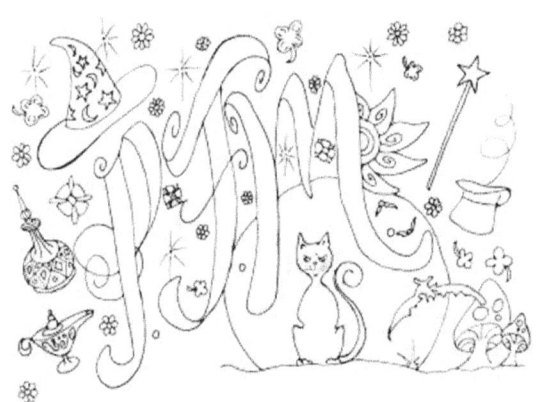

```
C Q D J Q G Q G J C
S I C K Q O N J C L
P V G G H I O S H L
Z Y Y A K X I O J G
G D O C M V P C L T
J T U V S I U Z V C
D F H H G J R Z W Y
X C A W S T E V R I
U A R C D E U U O J
A V N G U R W U D A
```

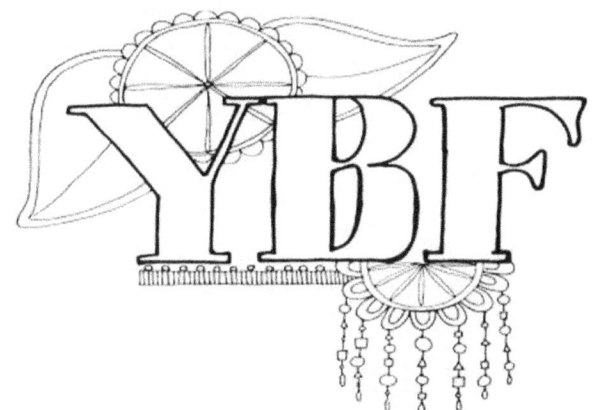

```
L E J C Z A C K E V
R N E E B O C V P N
O O G S O H U C V I
H B X A M O H Z P Z
F U Q P Y Y F W T F
G U Y R O T Q F P L
F Y C Z D C C W D A
L N L K E B H H Y Z
E I R Z E Z R F O Y
U W K X F D R W J C
```

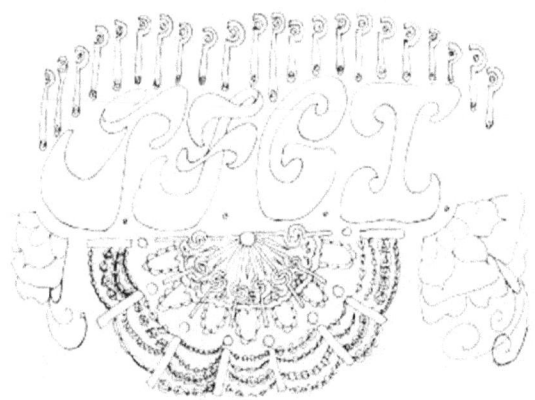

```
H Y K L J U S T B E
B K I T K B E I L K
Z F U C K I N G K O
C K D J T Q O F Q S
N Z X E X O H V G V
W F Z Y G U L Q Q P
R E P X U T G R J P
Q Z R X M Z U U G B
O Z A K K X Y O Q O
X R O G J H M Y I U
```

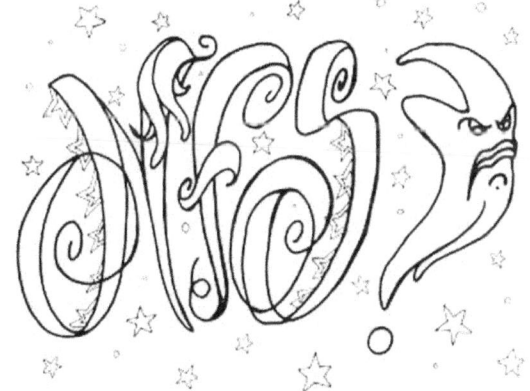

```
E U S T W E H L C O
V A Y W I A E M Q D
U G X I F F V Z Q T
Z F L L U I W V L G
F K G N I K C U F X
O O L N I C P J U B
Z C F X G T W X Y W
W U N N Y E T P Y X
R F S H I T X Q E C
U X F V M W O N M V
```

V. PEREIRA

SWEARY SHORTS

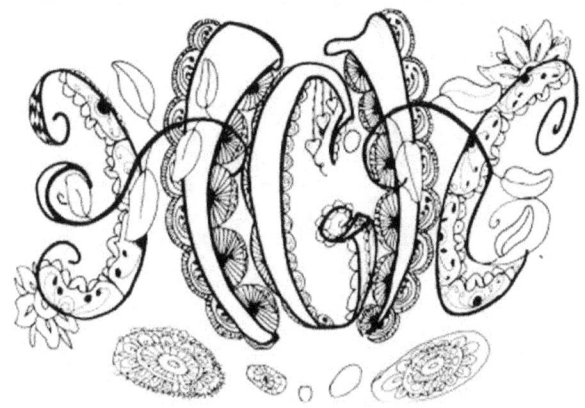

```
Q Z P O A G K A G Z
N S R E T A H N L P
G S U N P F G X U U
K N U D N S Y M E O
S V B D W E Q U U J
P V A N N O G T X H
G K A T X N Q X P J
G C Y U N G A B F L
M F V N V A V T V R
H A T E T M C L I K
```

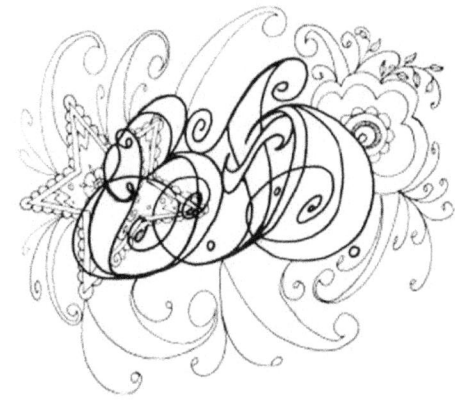

```
K J O N B K X I V E
U Q P A H I W A Z G
Z K X H P O G G R D
I U E Q B M F G D Z
S Z V I Z U X Z O M
L Q I E C X D E A L
J P V K F K N X O J
X Z I A V Q N V E H
G N S Y S P Q W N M
G V L A V G V S N J
```

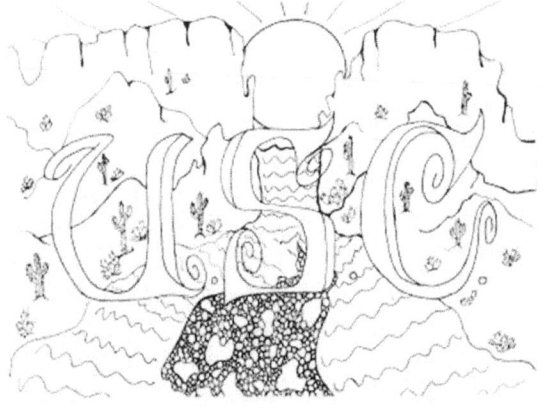

```
Q I S P D N W P H G
W R F Z A P U U W F
L G O Y I H O I S W
P F W G R F B F H N
B D O I P G L F I L
L U Q Q U L C F T H
H B Y F Q V R H L O
P L S Y K E E R C P
U A I D H F P O X G
N A P W G E E O Q O
```

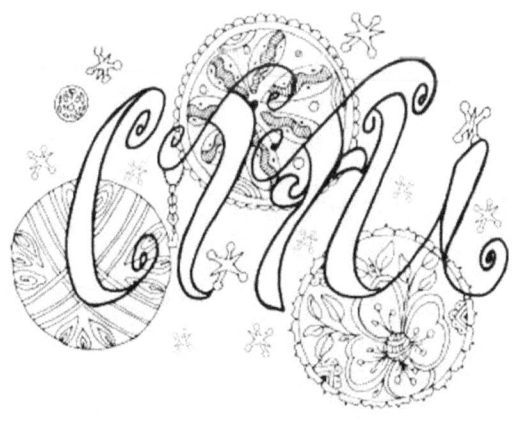

```
M L E E Q N I P U S
R T G H R A O O B M
B B K T X S U Z N H
F C N Y L J E Z L K
U G N I K C A R C Q
R H B I F H O U Y I
H K T A U C U N L E
F Y J F C Z J X V I
F U Q S K Q L T S S
S Q B X L Z J T N F
```

V. PEREIRA

SWEARY SHORTS

Thanks so much for your support!

<u>Reviews are important part of being an author on Amazon!</u>

If you enjoyed this coloring book, please consider stopping by
Auntie V.'s page author page at Amazon and choose
'Sweary Shorts' **to leave a review**
http://www.amazon.com/author/auntiev

or just google

'Auntie V.'s Coloring Books for Adults, Sweary Shorts'

Here is where you can find your .pdf file for downloading,
printing and sharing your favorites over and over!

https://auntievs.files.wordpress.com/2016/10/swearyshortssept2016final.pdf

V. PEREIRA

SWEARY SHORTS

V. PEREIRA

AUNTIE V.'S OTHER

COLORING BOOKS FOR ADULTS

SERIES 1: AUNTIE V'S ADULT COLORING BOOKS

VOL 1 - DIA DE LOS MUERTOS

VOL 2 - VALENTINES DAY

VOL 3 - GRANNIES SCARVES

VOL 4 - AUNTIE V.'S MANDALAS

SERIES 2: HAND DRAWN WITH LOVE

VOL 1: FAR, FAR AWAY

VOL 2: SWEARY SHORTS

V. PEREIRA

.

SWEARY SHORTS

C.T.F.O. : chill the fuck out
R.T.F.M. : read the fucking manual
G.M.A.F.B: give me a fucking break
F.F.S. : for fucks sake
N.F.G. : no fucking good
I.D.G.A.F. : I don't give a fuck
K.M.A. : kiss my ass
S.T.F.U. : shut the fuck up
A.D.M. : addios dumb motherfucker
F.Y.V.M. : fuck you very much
O.M.F.G. : oh my fucking gosh
S.F.A. : silly fucking ass
F.T.W. : fuck the world
T.B.I.U. : the bitch is ugly
S.O.B. : son of a bitch
M.F.I.C. : mother fucker in charge
P.F.M. : pure fucking magic
Y.B.F. : you've been fucked
J.F.G.I. : just fuckin' google it
N.F.S. : no fucking shit
H.G.H. : haters gonna hate
B.F.D. : big fucking deal
U.S.C. : up shit creek
C.T.F.U. : cracking the fuck up

V. PEREIRA

SWEARY SHORTS

www.ingramcontent.com/pod-product-compliance
Lightning Source LLC
Chambersburg PA
CBHW080536190526

45169CB00007B/2521